AF317735

D² 1621

LES PLAINTES DES PROTESTANS,

CRUELLEMENT OPRIMEZ

DANS L

ROYAUME de FRANCE.

A LONDRES,
Par J. DELAGE, dans *Stationer-Court*, proche Ludgate. 1707.

PREFACE.

E Livre Parût en l'An 1686. & fut d'abord Traduit en Anglois ; alors un Marchand de Londres l'envoya à un de ses Freres en France ; & quelques jours aprés luy anonça, qu'à la solicitation de l'Ambassadeur de France en cette Cour, ce Livre avoit été condanné au Feu ; le Traducteur & l'Imprimeur presque ruïnés par des Emprisonnemens & des Amandes, tous les Exemplaires détruits par les Papistes, afin de cacher à cette Nation la connoissance des veritez qu'il Renferme, en raportant les cruautés qui s'exerçoient contre les Protestans qui ne vouloient

A 2

pas

pas Abjurer leur Religion, & embrasser celle de Rome; C'étoit dans le tems même qu'on se preparoit à faire le semblable aux Protestans de ce Païs; car le Pape y avoit alors un Nonce & quantité de Moines & Jesuites non deguisés; alors aussi plusieurs Ecrivains, comme le Chevalier Roger l'Estrange & autres, étoient employés & bien payés, pour établir, qu'il n'y avoit point de Persecution en France, mais bien des Conversions volontaires à la Religion Romaine; & qu'à l'égard de tant de gens qui quittoient ce Païs là, pour venir ici, sous pretexte de Religion, ils le faisoient pour leur utilité & profit particulier : Mais ces déguisemens ne peûrent long-tems subsister à la veuë de tant de miserables Rechapés de la Tribulation, qui arrivoient alors en foule, portant leurs larmes, & plusieurs des playes, aux yeux de cette Nation; Ce qui fit qu'elle pensa serieusement à la seureté de la Religion Protestante que ses ennemis pensoient à détruire ici, com-

me-

me on avoit fait en France & ailleurs.

Quelques années aprés, le Particulier qui avoit reçû le Livre dont est queſtion, Traduit **en Anglois**, étant venu augmenter le nombre des Refugiez dans ce Royaume, & s'enquerant avec les autres du Recueil des Plaintes que ce Livre contient, ſes ſoins furent long-tems inutiles, car il n'en pût trouver ici aucun Exemplaire; ce qui l'obligea de faire recherche ailleurs; & ayant découvert que l'Auteur Anonyme, étoit cét Excellent Serviteur de Dieu, feu Monſieur Claude, Miniſtre de Paris, décedé en Hollande bien tôt aprés qu'il l'eut compoſé, par ce moyen il en a été recouvert un Exemplaire en François, & depuis peu un ſeul en Anglois, (par les ſoins d'un trés-digne * Prelat,) Leſquels Exemplaires ayant été comparés l'un avec l'autre, il s'eſt trouvé que le Traducteur ſe voulant ménager ſelon la conjoncture de ce tems là, à cauſe du credit qu'avoient alorsici lesEnne-

* *Docteur Maringham.*

A 3 mis

mis de nôtre Ste. Religion, il obmit à
deſſein beaucoup de Faits contenus
dans l'Original, & même les plus
importans à la cauſe des Refugiez ;
En telle ſorte que plus du quart d'i-
celui avoit été tronqué en la Tra-
duction ; mais nonobſtant ce mena-
gement il n'en fut pas plus heureux,
comme il a été dit.

Revenant donc au Livre en queſtion, & aux efforts des Ennemis
pour l'aneantir, il merite par opo-
ſition d'être conſervé parmi les Proteſtans, juſques à la derniere Poſterité. Et d'autant que les Refugiez
dans la Grande Bretagne n'en ont
oſé garder aucun Exemplaire, à
cauſe des défenſes, il eſt bien neceſſaire de le faire renaître de ſes
cendres, pour l'offrir aux yeux de
la Nation, comme ſi c'étoit un Ouvrage nouveau, ſuivant le premier
deſſein des Refugiez, à la faveur du
tems preſent plus heureux que par
le paſſé. C'eſt dans cette veuë qu'on l'a
fait r'Imprimer dans les deux Langues,
pour la commodité de ceux qui n'en
enten-

entendent qu'une, étant fidelement
Traduit.

Le Public verra que c'eſt un Abregé de la cruelle & inhumaine Perſecution faite aux Proteſtans de France, depuis longues années, au prejudice de l'Edit de Nantes, juſques
à ſa Revocation, & ſes fatalles ſuites, (juſqu'au commencement de
l'An 1686. ſeulement.) C'eſt auſſi
la ſolemnelle Proteſtation de plus de
150 mille Fugitifs répandus dans les
Etats Proteſtans, leſquels faiſant tant
pour eux que pour leurs Freres qui
n'ont pû s'échaper des mains des Dragons, demandent au Ciel & à la Terre, Juſtice des outrages qui leur ont
été faits, ou à leur Relations, de
même que des cruautez qu'on exerce encore contre ceux qu'on Renfer-
me dans les Priſons, Cachots, Convents, & Galeres pour fait de Religion, au prejudice des Droits de la
Nature, des Traitez de la Foy Publique, des Edits, & des Sermens
faits pour les entretenir. Il faut eſperer qu'il-y-a-bien d'autres Ecrivains

vains depuis feu Monſieur Claude qui ont redigé en écrit, ce qui s'eſt paſſé depuis ſon tems, (ſur le même ſujet,) afin d'en conſerver la memoire à nos neveus, en depit des deguiſemens & des menſonges que les Auteurs de ces maux répendent dans le monde à la faveur des Declarations qu'ils arrachent par force de ceux qu'ils Perſecutent, leur faiſant dire que leur prétenduës Abjurations ſont volontaires; Mais cette impoſture ſi connuë par les Refugiez en ce Païs, les oblige à les accuſer de faux, & à faire cette demande à leurs Ennemis; ſi les choſes ſont ainſi? A quoi bon tient-on encore les Paſſages de Terre & de Mer fermez & gardés avec tant de depenſe & de précaution, contre ceux là même qui ont donné des Declarations ſi favorables? Pourquoi ſeulement en ce Païs ſeroit t-il venu tant de milliers de perſonnes des deux Sexes? On ſait bien que ces Ennemis répondent & publient que la perte de telles gens n'eſt pas grande pour la France; qu'il

n'y

n'y-a-que des pauvres , & gens de baſſe condition qui ſortent ; & qu'à l'égard des Riches , on les épie ſi bien, qu'ils ne peuvent s'échaper. Mais c'eſt encore une fauſſeté inſigne, car tout au contraire , ce n'eſt en general que ceux qui ont eu de l'argent & du credit qui ont pû faire la grande dépenſe neceſſaire pour s'échaper , leſquels on eſtime avoir dépenſé 200 mille livres Sterling en Eſpeces, d'Or & d'Argent de France, & d'Eſpagne , payé aux Maîtres des Navires Anglois pour le Paſſage de ceux qui ſont venus ici ſeulement. Et à l'égard de leur qualité, on n'entend ici faire aucune difference avec ceux qui ſont allez ailleurs , mais ſeulement faire mention de ceux qui ſont venus dans la Grande Bretagne. On y trouve un Duc , & Marechal de France , des Generaux d'Armée, Une Ducheſſe, pluſieurs Comtes & Conteſſes, des Marquis & Marquiſes , des Juges de Cour Souveraine, des Nobles, Viſcomtes , Barons, & Gentilhommes, des Dames, & Demoi-

moiſelles, Avocats, Bourgeois, gens
de Loy, & de Lettres, des Medecins, & pluſieurs gros Marchands,
des Artiſans de tous Metiers, quantité
de Capitaines, Maîtres, & Matelots,
Jardiniers, & Laboureurs; ſans
compter un grand nombre de Miniſtres qui ont été bannis du Royaume de France, avec ordre d'en ſortir inceſſemment, à peine des Galeres. Voila ces gens qu'on dit être
de peu de conſéquence, pendant
qu'ailleurs les Ennemis même diſent
que leur perte eſt irreparable. On ne
peut mettre en doute d'un côté, que
l'amour de la Patrie, les Poſſeſſions,
les Etabliſſemens, les Parens, & les
Amis, le bon Air, l'Abondance du
Vin, & les autres commoditez de la
vie, ne ſoit de trés fortes attaches;
Et de cela, on doit conclure d'autre
part, qu'il faut quelque grand ſujet
qui ſerve de Machine pour faire
abandonner tous ces avantages, &
qui les contraigne d'aller bien loin
chercher dans les Terres & Langues
Etrangeres, un Azile contre la Perſe-
ſecu-

fecution d'une Ingrate Patrie, dans laquelle on ne peut fervir Dieu fuivant fa confcience, ainfi que l'Auteur de ce Livre le fait voir; C'eft pourtant le trifte fort des Refugiez: Et fi c'étoit ici le lieu de parler des hazards, des naufrages & des dangers aufquels tant de milliers de perfonnes fe font trouvées expofées, & combien il en a peri avant que d'arriver dans ce Païs de Liberté, on jugeroit charitablement de ceux qui y font venus; mais pour cela il faudroit un Volume feparé. Cependant a entendre les Emiffaires de Rome dans la Grande Bretagne, ils difent encore effrontement, qu'il n'y a point de Perfecution en France; Et à la faveur des empêchemens d'y correfpondre en ce tems de guerre, ils tachent de faire croire, que s'il y a eu cy-devant des Rigeurs, elles ont fini, n'y ayant plus de Reformez de delà. Mais il eft du devoir de ceux qui font ici, de repouffer encore cette fauffeté, en établiffant le contraire, par des faits réels & fenfibles, qui

puiffent

puiſſent convaincre tout le Monde, & la Grande Bretagne en particulier, que depuis la Revocation de l'Edit de Nantes, on a toûjours continué de Perſecuter les Fidelles ; Et que ſans parler du carnage fait dans les Cevennes, n'y de ce qui s'eſt paſſé ailleurs, mais ſeulement de certains faits, qu'on peut prouver ici, & qui ſe ſont paſſés dans un petit détroit du Parlement de Guienne, (qui paſſe pour le plus indulgent du Royaume, à cauſe du Negoce de ce Païs là, avec les Proteſtans du Nord,) on puiſſe par les faits ſuivans, arrivés depuis la Mort de l'Auteur du preſent Livre, juger s'il y a encore telle choſe que Perſecution dans le Royauaume de France ; Pour cella les Papiſtes Anglois & François de la Grande Bretagne ſont ſommés de s'informer de vive voix, pourquoi Marte *Guiſard* eſt ſortie de France, elle demeure dans *Frith-ſtreet* en *Soho*? Elle leur dira, que c'eſt à cauſe que Jean *Guiſard* ſon pere a été Brulé à Nerac, accuſé

d'avoir

d'avoir pris l'Hostie irreveremment. Qu'ils demandent à la femme du sieur Tinel, Ministre à Bristol, & à sa Belle Sœur la même chose? Elles vous diront que le sieur de * *Margueron* leur pere, accusé d'avoir fait une Assemblée pour prier Dieu dans sa Maison, fut pendu dans la Ville de Sainte Foy, la maison demolie,& ses biens confisqués, leur Mere condannée à faire *Amende Honorable*,tonduë par la main du Bourreau, nud pieds, & en chemise, ayant une Torche allumée en ses mains, & ensuite condannée à une Prison perpetuelle ; Qu'elles ont évité les mêmes Rigueurs en s'échapant avec un Frere qui les conduisit ici,& qui a été tué depuis au service de la Nation.Qu'on demande auSr.Peyserié & à sa famille, pourquoi ils ont quité de grands Biens,pour venir vivre à l'étroit dans *Tower-street* en *Soho* ? Il dira qu'ayant été accusé d'avoir, avec quelques voisms, fait Exercice de sa

* *L'Histoire de sa mort édifiante se vend chez la veuve Baldwin in Warwik-lane.*

Re-

Religion dans une de ſes Maiſons de Campagne, il a été condanné à être pendu, ſa Maiſon raſee, & ſes Bois coupés ; mais Dieu luy fit la grace de s'échaper. Qu'on faſſe Enquête du ſieur _de la Ramiere_, Gentilhomme, mort au Service ; ſes Filles Charlote & Marie qui ſont ici ? Diront que leur Château a été démoli, & leur Bois coupez, à cauſe qu'il s'y étoit fait une Aſſemblée de Religion. Qu'on Interpelle les ſieurs _Dupré_, & le ſieur _Moïſe du Bouſt_, qui ſont à preſent dans la Paroiſſe de S. Giles, pourquoi ils ſont ſortis de France ? Ils répondront qu'ils ont été Perſecutés en leur perſonnes & en leur Biens, leurs Maiſons ayant été demolies, & ont pris Refuge en ce Païs, où ils ſont reduits à vivre de l'Aumône de la Nation, l'un étant âgé de 80 ans, & l'autre rendu Invalide dans nos Armées. Qu'on demande a _Marthe Trapeau_, & _Marie l'Abé_, qui ſont en _Sobo_, pourquoi elles ſont dans ce Païs ? Elles diront qu'ayant été l'une & l'autre afligées de maladie en France,

elles

elles furent viſitées par les Prêtres &
Magiſtrats des lieux , auſquels elles
declarerent qu'on les avoit forcées
d'Abjurer leur Religion, mais qu'elles y vouloient mourir. Ayant recouvert la ſanté , elles furent condannées à faire *Amende Honorable*,& à
Priſon perpetuelle dans la Manufac-
ture de *Bourdeaux*, d'où elles s'écha-
perent avec grand peril de leur vie.
C'eſt dans ce même lieu *qu'Olim-*
pe Paſſelaigue de Bergerac , *Jeanne*,
& autre, *Jeanne Darrat* du lieu de
Fauguerole, *Jeanne Croux*, *Judith Cha-*
bot , *Catherine Meulh* , les Demoiſel-
les *Gorinx*, *Marthe Cové* & autres qui
ſont ici, ont ſubi, au nombre de 18.
les mêmes Rigueurs,parce que fuyant
la Perſecution, elles avoient été trouvées ſortir de France; mais Dieu
leur fit la grace de ſe ſauver de nuit
par une fenêtre de ce lieu de tour-
ment. Et comme à l'égard des hommes , les peines de ceux qu'on rencontre s'échapant , ſont l'Amende
Honorable & les Galleres, les ſieurs
Conſtans & Beſſette , *de Duras* , qui

 avoient

avoient affifté à prier Dieu, avec le
fieur *Margueron*, ont fouffert ce châtiment, & tiennent compagnie dans
les Galleres à un trés-grand nombre
d'autres qui endurent Perfecution
pour Dieu. Le fieur *Augier de Caftelja-
loux*, mort dans la Fortereffe de Blaye,
eft auffi un Exemple de la Rigueur
des Perfecuteurs.

Pour juftifier quelle eft encore la
conduite en France contre les Pró-
teftans, voici un Fait averé, *Marie
Perreau* demeurant a *Spittlefields*, dira
qu'un mois aprés avoir Epoufé à
Plymouth, un Pilote François,
nommé *Pierre Perreau*, il s'embarqua
pour aller dans le Détroit, & fut pris
& mené en France, où il fut condanné aux Galleres pour 101 An.
Comme donc la Mort ou les Galleres
eft la peine infligée aux hommes qui
ne veulent pas changer de Religion,
ou qui s'échapent, auffi pour le même fujet, *l'Amende Honorable*, & la
Prifon perpetuelle, eft celle des femmes, un trés-grand nombre y font
mortes, entr'autres l'Illuftre femme,

de

de l'Illuſtre Martir, le ſieur *Margueron* ;
Et depuis peu les Confeſſeuſes *de la
Serre, & de Gentillot.* Les Priſons
ſont encore remplies de femmes ; même depuis plus de 20. ans il-y-en-a
dans la Maiſon de Ville de *Bourdeaux,*
qui glorifient Dieu par leur ſouffran-
ces, comme entr'autres Mademoiſelle *Vilotes,* âgée de 80. ans, qui a
une fille à *Soho, Claudine le May, &
Jeanne* ſa fille, Mademoiſelle *Barbot,*
Mademoiſelle *Charlemont,* & quantité d'autres ; ce qui témoigne que ſans
la Perſecution on ne tiendroit pas
tant de gens dans les Priſons. Voila
donc des témoins vivans & neceſſai-
res pour la commodité de ceux qui
voudront penetrer dans la verité ; Et
ce nombre de témoins (qui peut être
augmenté s'il étoit beſoin,) ſuffira
pour manifeſter la verité, auſſi bien
que pour convaincre de menſonge
ceux qui s'éforcent de detourner la
verité en injuſtice, par les fauſſetez
qu'ils répandent contre les Refugiez.
Par exemple, depuis quelque tems
ils aleguent que tous les Proteſtans

B 3 de

de France vont à la Meſſe, comme
bien convertis à la Religion Romaine ; ce qui eſt notoirement faux &
ſupoſé. Pour le prouver, il n'eſt beſoin que de remarquer ce qui vient
d'être dit, & ajoûter, qu'ayant été
obligés de lever les Milices en France
à l'occaſion de la preſente Guerre,
on a étably des Taxes perſonnelles
ſur les Proteſtans qui ne voudroient
pas aller à la Meſſe ; & par cella on
a trouvé le fonds pour fournir au
payement de leur Milices ; Si bien
que le Clergé de France qui avoit
promis au Roy de détruire la Religion Proteſtante dans ſon Royaume,
& d'y faire triompher la Romaine, a
fait juſqu'ici tout le contraire. Car
qu'on chaſſe les Paſteurs, qu'on empêche les Aſſemblées, qu'on Relegue,
qu'on Baniſſe, qu'on faſſe mourir ſi
on veut, tout cela ne détruit point
la Religion, c'eſt ſeulement couper
des Ruiſſeaux, dont la Source demeure; ils ne ſauroient bannir les Lumieres des Reformez, n'y empêcher
les Conſolations du Saint Eſprit.

Mais

Mais dit on, les Perſecuteurs n'a-
giſſent plus avec Rigueur, ils veulent
inſtruire à loiſir les Reformez ; &
quand ils feront inſtruits, ils n'auront plus de repugnance à reſter dans
l'Egliſe Romaine On ſe trompe,
les Reformez ne veulent point recevoir d'inſtruction de telles gens. Ils
ont beau dire, vos Miniſtres vous
ont repreſenté nôtre Religion toute
autre qu'elle eſt, écoutés nous, &
nous vous la dirons. Mais répondent les Reformez, nous n'avons que
faire de vous entendre là deſſus, les
Edits, les Arrêts, & Declarations
que vous avez obtenuës du Roy contre nous, nos Miniſtres qui ont été
Bannis à vôtre ſollicitation; ceux de
nos Freres condannés aux Galeres,
& à la mort, ſur vos pourſuites ; les
maux que les Dragons nous ont fait
ſouffrir par vos ordres ; toutes les in-
fidelitez que vous avez commiſes ;
toutes les injuſtices, & toutes les cruautez que vous exercez contre nous,
montrent aſſez qu'elle eſt vôtre Religion, & vôtre Foy, & qu'elle n'eſt
pas

pas celle de Dieu , quelque profeffion que vous faffiez du Chriftianif-
me. Ceci foit dit à l'égard des
Proteftans qui reftent encore dans le
Royaume de France, fous la plus
longue , & la plus dure Perfecution
qui ait jamais été faite , dans laquelle
la fraude & la fourberie agiffent par
le moyen de la force. C'eft la raifon
qui a fait alleguer des Faits pratiquez
dans un coin du Royaume feulement,
parce qu'on eft en puiffance de les
prouver ici , *Viva voce.* On laiffe
à juger de la pratique des autres lieux
plus feveres. Voila cependant les
Caufes & les Motifs qui ont fait dé-
peupler la France de tant de milliers
d'ames , pour fe Refugier dans les
Etats Proteftans, à l'abry des tribu-
lations que leur Freres endurent encore chaque jour.

Ayant donc reprefenté les differentes qualitez des Refugiez qui font
venus dans ce Royaume , (qu'on
n'eftime pas être au deffus de ceux
qui ont pris Refuge en d'autres Païs ;)
On

On peut neanmoins affirmer, qu'un
si grand nombre de gens, est une
acquisition avantageuse à la Grande
Bretagne. Ils ne font pas tous Pauvres, comme l'Echiquier & la place du
Change Royal de Londres le savent
fensiblement ; fur tout s'il en faut
croire le calcul qui fe fait en France
du Bien qu'ils en ont tiré, & de la
perte qu'ils y ont caufée. Car les Ennemis publient, que quelque tems avant
la Revocation de l'Edit de Nantes,
plufieurs Proteftans, par prevoyance
de l'avenir, ont envoyé de grands
Biens hors de France, auffi bien que
depuis la Perfecution, en telle forte
qu'ils fupofent, qu'en Argent, Mar-
chandifes, Joyaux & autres chofes
Mobiliaires, chaque Fugitif a em-
porté la valeur de cent Livres Sterling par tête (le fort portant le
foible,) dont la France a diminué
d'autant de fon fonds, qu'elle a trouvé luy manquer dans le befoin. Et
outre cette perte, celle de la con-
fommation qu'on eftime à Sept Livres Sterling par an pour chaque Crea-
ture

ture Humaine vivante ; fur lequel
pied, par opofition, ils comptent
auſſi le profit du Païs où les Refugiez
habitent. Quoy qu'il en ſoit, on
eſpere qu'il ne ſera pas douté, que
par un eſprit de reconnoiſſance & de
gratitude, ils ne ſoient tous devoüez
envers la Nation qui les a ſi favorablement Recuillis ; Et cela a paru en
partie à la Reduction d'Irlande, où
il a peri par l'Epée ou la Maladie,
plus de 7000. Refugiez, qui ont
épargné autant d'autres hommes
à cette Nation. Les autres ont taché de ſubſiſter par le Commerce, les
Arts Liberaux & Mechaniques, & par
l'Agriculture ; mais par deſſus tout,
par la Correſpondance reciproque de
ceux qui ſont ici, avec ceux qui ſont
établis ailleurs, comme dans la Suiſſe, Geneve, l'Allemagne, la Hollande,
& les Couronnes du Nord ; Ce qui a
augmenté tous les Revenus de ce Royaume conſiderablement ; Et le tout fait
plus de dommage à la France, que ſix
Guerres Civiles n'auroient ſeu faire.
Et en particulier ils ont à même tems
procuré

procuré à la Grande Bretagne des avantages durables & permanans, ainſi qu'il a plû à la Chambre des Seigneurs de le communiquer à celle des Communes dans les termes qui ſuivent, *

Au regard des Proteſtans Forains, il eſt raiſonnable de leur donner toute ſorte d'encouragement ; car comme ils ont porté parmi nous pluſieurs Nouvelles Manufactures, *auſſi les ont-ils portées ſi loin, que dans ces dernieres années nous avons tranſporté en Manufactures de Laine, pour la valeur d'un million plus que dans le tems du Regne de Charles* II. *(c'eſt à dire avant qu'ils ne fuſſent parmi nous ;) & de la mettre ſous des aprehenſions & découragemens, ſeroit le moyen de les faire aller dans un Païs où ils ſeroient aſſeurés d'une liberté entiere. Les* Lords ajoûtent encore, *Nous avons reſſenti les heureux effets de la Liberté qui leur a été accordée dans le dernier Regne ; Et il y a lieu d'eſperer que rien ne ſe fe-*

* Conference des Lords avec les Communes touchant le Bill pour prevenir la Conformité Occaſionelle, Page 24. Imprimée en Fevrier 1703.

*ra dans celuy-ci, de contraire qui élève
des aprehensions & des craintes dans l'esprit de ces gens qui nous font de si bon
usage a. le plus important Article de
nôtre Commerce.*

La Declaration de cette Augufte
Maifon qui fe manifefte fi publiquement en faveur des Refugiez, devroit,
s'il femble, arrêter le cours de ce grand
nombre de Libelles qu'on voit inceffamment publier contr'eux, portant
qu'ils font venus ici faute d'avoir dequoi fubfifter chez eux, & non par zele
de Religion. Mais au contraire à cette calomnie, fe joignent les Clameurs des Ouvriers Anglois, qui difent que les Refugiez travaillent à
meilleur marché qu'eux. Or quand
bien cela feroit veritable, on nie
que ce foit aucun dommage, même
à celui qui s'en plaint. Car fi un
Cordonnier par exemple gagne trois
ou quatre fols moins fur une paire de
Souliers; auffi quand il achete pour
luy une paire de Gands, ou un Chapeau, il repare fa prétenduë perte.
Et il en eft de même de chaque chofe

dont

dont il a besoin. Que si on veut encore disputer sur ces matieres, on éspere que les Proprietaires des Maisons Bâties depuis l'arrivée des Refugiez pour les loger, (qu'on estime, à parler modérement, monter à quatre-vingt mille livres Sterling par an,) prendront parti, & soutiendront que les Refugiez ne causent pas de dommage dans la Grande Bretagne. Ceux qui subsistent par eux mêmes, aident à leur Freres necessiteux, autant qu'il leur est possible. Ils payent avec plaisir toutes les Taxes ordinaires & extraordinaires ; La plûpart se sont fait Naturaliser à prix d'argent ; Ils payent le loüage de leurs Eglises, & le Salaire de leurs Ministres, Lecteurs, & Maîtres d'Ecole qui les servent, quoi que bien contraire à ce qui se pratique ailleurs, especiallement en Hollande, où les Refugiez sont d'abord Naturalisés *Gratis* ; Ils ont dans toutes les Villes, les Franchises, & les Facultez d'y tenir Boutique, & exercer leurs differentes Vocations ; & on leur a four-

ni plus de cent Eglifes auffi *Gratis*
dans les Provinces-Unies, ou dans
l'Allemagne, aux dépens de Mef-
fieurs les Etats, qui bien loin de les
laiffer payer les Miniftres de leur
Païs, au contraire ils payent le Salaire des Miniftres François, Lecteurs,
& Maîtres d'Ecole ; ce qui eft trés-
confiderable. Mais encore bien plus,
en ce que depuis le Refuge, c'eft à
dire, depuis plus de 21 an, & les
Guerres en conjonction avec la
Grande Bretagne contre la France,
un feul Refugié en Hollande n'a
encore payé un Farthing pour fes
Biens Perfonels, n'y pour fon In-
duftrie. On pourroit s'étendre beaucoup fur ce fujet, fans la crainte que
les Refugiez de ce Païs doivent avoir
que les faifeurs de Libelles contr'eux,
ne vouluffent faire interpreter qu'ils
fe plaignent, au lieu qu'ils font fort
éloignés de cela, & qu'ils n'alleguent
ces chofes que pour leur défenfe, &
par contrainte, contre ceux qui tâchent d'infpirer au Peuple, que les
Refugiez leur ôtent le Pain de la
bouche, pour les rendre odieux.

C'eft

C'eſt auſſi par cette même raiſon qu'ils alleguent l'Hiſtoire de l'établiſſement des François Refugiez dans les Etats de Brandebourg, Imprimé à Berlin chez Robert Roger, en 1690. parce que ce Livre témoigne que le Peuple en ce Païs là, **ne** croit pas que les Refugiez leur ſoient à charge. Et d'ailleurs, il contient ce que ſa Majeſté Pruſſienne a fait pour eux dans ſes Etats; Car outre ſes Bienfaits, il a employé ſes Ambaſſadeurs dans les Cours Proteſtantes, à faire faire des * Collectes en faveur de tous les Proteſttans qui vont ſe Refugier dans le Païs de ſa Domination.

Si donc tous les Politiques demeurent d'accord, que la multitude du Peuple fait la gloire des Rois, & la Richeſſe des Païs qu'ils habitent; Pourquoi dans celui-ci voit-on tant de Libelles opoſées à ces Maximes Generales ? On ſe ſent obligé de le declarer, & faire ſavoir au Public, que ce mal vient de la part des enne-

---

* *Bref de ſa Majeſté, du 17. Novembre 1703. pour les Proteſtans d'Orange, Sujets de ſa Majeſté Pruſſienne.*

mis

mis de la Religion des Refugiez, &
pour cela en produire des preuves
fensibles ; Mais auparavant raporter
en ce lieu un exemple trés-favorable ;
C'eſt qu'en l'an 1664. dans le Païs-Bas,
apellé de *Laleu*, quelques Villages
Papiſtes ayant correſpondance à
Amſterdam, quelques Livres de Con-
troverſe fortuitement portés ſur les
lieux, firent qu'ils abandonnerent la
Meſſe ; dequoi les Curés s'étant plaints
à leur Evêques, & ceux-ci à la Cour
de France ; aprés quelques Somma-
tions, il fut ordonné que ces gens là
iroient à la Meſſe, ou quitteroient
le Païs. Ces bonnes gens choiſirent
le Parti de le quitter ; Alors le Roy
Charles II. envoya ſur les lieux des
Deputez pour les inviter à venir dans
ſon Royaume, leur offrant des Conditions trés-avantageuſes, outre tous
les fraix & voiture du voyage. Mais
dans ce même tems les Rois de Suede,
& de Danemarc, la Hollande, les
Electeurs de Brande-
bourg, Saxe, & * Pa-
latin ayant auſſi envoyé

* *Conceſſion de*
Charles Louis
***Comte* Palatin,**

de

de leur part, ce dernier leur ayant accordé de plus agréables conditions que les autres Puiſſances, ces gens ſe furent établir chez luy, au nombre d'environ 1800. tant hommes, femmes qu'enfans, preſque tous Laboureurs ou de Métier (mais ſans bien) leſquels depuis, à l'occaſion des Guerres dans le Palatinat, & de la deſtruction de Billingheim ont été obligés de le quitter & s'établir en Pomeranie, où ils ſont à preſent. Cét exemple eſt un Antidote contre les Libelleurs de ce tems ; car ils ne ſauroient donner aucune raiſon valable qu'un tel nombre de Proteſtans venus d'eux mêmes dans ce Païs, ne ſoient auſſi eſtimables que ceux qu'on y invite à y venir à grands fraix & depenſe ; car ceux là, auſſi bien que les autres, augmentent la conſommation de toutes les Manufactures & Denrées, eſpeciallement celle du Blé, & par là, épargnent les cinq Shillings par Quartiere qui ſe paye lors qu'il ſe

aux Exilez du Païs de Laleu, en 17 Articles, du 5 Aouſt 1664.

Tranſ-

Tranſporte. Ajoûtons à cela les Sen-
timens du Chevalier Thomas Culpe-
per , dans ſes Traités Politiques , les
Maximes du Chevalier William Petty,
dans ſon Livre Intitulé , *l'Arithmeti-
que Politique*, le Nouveau Diſcours
touchant le Commerce, du Chevalier
Joſias Child, & l'Eſſay du Chevalier
François Brewſter , ſur le Negoce, où
l'on verra que tous leurs efforts tendent principalement à augmenter le
Stock, ou nombre du Peuple en ce
Païs, qu'ils diſent être la ſource des
Richeſſes ; & que cette Nation man-
quant de Peuple, eſt dans le beſoin
de ſe recruter.

On a dit que par reconnoiſſance,
les Refugiez ſe ſont trés-volontiers
expoſés aux perils de la Guerre ; &
qu'à la Reduction d'Irlande, il en eſt
peri plus de 7000. Il le faut repeter
encore, parce que c'eſt la fatale ſource d'où eſt venu tant de Veuves,
Orphelins , Invalides , & Malades
qui ont perdu leur Maris, Peres, Freres, & autres Parens qui les faiſoient
ſubſiſter pendant leur vie ; & que par
la ſuite du tems pluſieurs vieux Gen-

tilhommes, vieux Miniſtres & leurs femmes ſont devenus ſans employ, ou ſans force, leſquels aprés avoir dé-penſé tout ce qu'ils avoient pû retirer de France, ont été obligés de deman-der la Charité Publique de la Nation; Et parce que ce ſont ceux là qui ſont les plus expoſés aux continuelles ma-chinations de leurs Ennemis, qu'il ſoit permis dans cette Preface d'infor-mer le Public de ce que la plûpart ignorent par raport à la ſubſiſtance qui leur eſt fournie. Il n'y aura peut être jamais d'occaſion plus favorable, que celle qui s'offre naturellement, par la publication des Plaintes qu'ils font contre la Perſecution de leur Compatriotes; Pour cella il faut re-monter aux Seſſions de l'An 1695. que ces Pauvres donnerent Requête à la Maiſon des Communes, ſur la-quelle un Commité ayant été appoin-té; Examen ayant été fait de la qua-lité, âge, & Vocation de chacun; il fut trouvé que les vieux Gentilhom-mes, & Miniſtres, leurs Femmes, & Enfans, Veuves, & Orphelins, étoient alors au nombre de 2460. Perſonnes

dignes de la Charité Publique, comme il fe voit par le Raport du Commité fait à la fufdite Maifon, qui
contient les Declarations du Roy
Charles II. du 28. Juillet 1681. &
celles du Roy Guillaume III. & la
Reine Marie, du 25. Avril 1689.
portant, *Que les Proteftans François
ayant été invités à venir dans ce Païs,
avec de grandes promeffes de Secours ; Si
ce Pauvre Peuple n'étoit promptement fe-
couru, fe feroit un fcandale au Gouvernement & à la Religion.* Le Raport
ajoute, *qu'il feroit étrange à cette Nation de fe laiffer furpaffer en Charité à fes
Voifins dans une fi bonne œuvre, d'autant mieux que quelque Don qu'on faffe a
ces Pauvres* (fans compter la bene-
diction qui l'accompagne) *la Nation
n'en eft pas plus pauvre, parce que ce
qu'elle donne, elle le reprend auffi tôt par la
depenfe qui fe fait ici,* &c. En confequen-
ce de ce raport, la Maifon des Communes Vota 15000. Livres Sterling
par an pour la fubfiftance de ces Pauvres Refugiez, de laquelle fomme,
celle de 3000 Livres Sterling étant
fixée pour les Miniftres, il n'a refté

que 12000. Livres par an pour tous les autres Refugiez Laïques qui font ici & en Irlande, laquelle étant payée alors en Taillis, & Malt-Tickets, les Lords prépofés pour ordonner la Diftribution de la Charité de la Nation, ayant ordonné de les vendre ; on y perdit les années 1696. 97. & 98. la fomme de 6559. Livres 9. Shillings dix fols Sterling, ce qui ôta à ces Pauvres la Subfiftance de fept mois entiers, pendant lequel tems ils furent obligés d'emprunter fans pouvoir rendre que par le remplacement de la Nonvaleur des Taillis, laquelle n'ayant jamais été faite, cela a augmenté le nombre des Pauvres : Et voila ce qui s'eft paffé au Parlement. On peut ajoûter à cette infortune de la Nonvaleur, une autre perte plus accablante pour les Pauvres Refugiez, c'eft qu'ils n'ont pas reçû la Charité de la Nation, l'année de la mort du Roy Guillaume III. qui étoit alors écheuë, & jamais payée, le Warrant, ou Ordre, n'ayant eu d'effet ; lefquelles pertes font autant de debtes qu'il a falu contracter pour vivre ; & ne pouvant payer un feul Creancier, plufieurs ont ufé de Rigueur, & ruïné d'honnêtes gens, bien malheureux par ces évenemens impréveus ; Lefquels, par la continuation de la Guerre, & les accidens qui l'accompagnent, ont encore multiplié la mifere, comme il apert par une Lifte Imprimée de nouveau par l'Ordre de Meffeigneurs l'Archevêque de Canterbury & l'Evêque de Londres, contenant l'âge, Sexe, Qualité & Habitation d'un chacun ; de forte que depuis l'an 1696. & le Raport dont a été fait mention, jufqu'à prefent, les Pauvres ont augmenté au double ; Et depuis quelques années, la fomme de 12000. Livres Sterling ne fuffit pas pour payer leur Logements. Et comme la plûpart font vieux & maladifs, on laiffe à imaginer les extremitez où ce Pauvre Peuple fe trouve, (car il n'eft pas à propos de le publier.) On laiffe auffi à imaginer quel fecours ils peuvent attendre des autres Refugiez, à compter fur les facultez que les Ennemis leur donnent ; qui n'eft pas trop fuffifant à les entretenir, tellement que fi quelque autre moyen plus efficace ne fe trouve pas en faveur des Pauvres dont eft queftion, on verra augmenter leur nombre, fans un Miracle ; Car à parler humainement, quand bien les Refugiez furpafferoient les * Macedoniens, les uns en faveur des autres, on ne peut attendre qu'un furcroit de mifere ; Au contraire il faut tout éfperer de la Charité de la Nation, lors qu'elle voudra, par fa compaffion ordinaire, prendre connoiffance de l'occafion, & de la neceffité qu'il y a d'exercer fa clemence envers un fi grand nombre de miferables objets ; efperant que plufieurs voudront fuivre l'exemple de l'Honorable, Robert Harley Secretaire d'Etat, qui par un motif de Religion & de Charité envers ces Pauvres, ont toûjours éprouvé les bons effets de fon zele, & de plufieurs autres dignes Membres de Parlement, qui favent † *que donner au Pau-*

vre, eft prêter à l'Eternel.

* *2 Cor. 8, 2, 3.*

† *Proverbes 19 verf. 17.*

Il a été dit, que les Ennemis de là
Religion des Refugiez, étoient ces
faiseurs de Libelles, qui travailloient
sans cesse en qualité de Propagateurs
de la Foy Romaine, à rendre la condition des Refugiez amere ; ils ont des
Emissaires qui descendent du general
au particulier; des Pauvres qu'ils at-
taquent par des Calomnies, disant,
qu'ils viennent de France quitter leur
Sabots, ou Souliers de Bois, l'Ail &
l'Oignon dont ils se nourrissoient, pour
vivre ici à leur aise, & dérober à
l'Hôpital de *Greenwich*, & aux Veuves & Orphelins de la Nation, des
Charitez qu'ils meritent, & qui se
donne à des gens de neant. Ils tâchent
sourdement de leur ôter tout secours,
afin qu'ils soient contraints de retourner en France, pendant que d'ailleurs ils ' applanissent les voyes, &
les moyens de s'y rendre.

On pourroit alleguer plusieurs exemples de ses intrigues, qui ont débau-
ché plusieurs Enfans, lesquels en France on met en possession des Biens de
toute la Famille, moyenant qu'ils ab-
jurent

jurent leur Religion. Ces Emissaires
de Rome veulent faire ces maux, afin
que bien en avienne, mais ils entas-
sent crime sur crime ; l'exemple qui
suit le persuadera. Un Particulier de
cette Cabale osa donner Requête
à sa Majesté, & à même tems aux
Seigneurs, l'Archevêque de Canterbury, & l'Evêque de Londres, portant que le Commité François établi par les Seigneurs Commissaires,
choisis pour faire la Distribution de la
Charité de la Nation, étoient des Pre-
varicateurs, (il suplie sa Majesté de
luy permettre de se saisir de leur Personnes, & que cependant la Charité
de la Nation, fût suspenduë.)

Sur un tas de telles Requêtes & Memoires, sa Majesté ordonna que le Lord
Maire d'alors, le Sr. *Owen Buckingham*,
fit assembler le Commité Anglois, pour
examiner l'affaire & en faire raport.
Où la Partie ayant comparu, il ne
pût prouver la moindre aparence de
malversation ; & ayant
jugé que le * Raport ne   * 26 Juil-
lui seroit pas favorable,   let 1705.
& apris que sa Majesté avoit donné

D

ordre

ordre à son Procureur General de le faire punir, il s'enfuit au delà de la Mer. On a sçu depuis que c'étoit un Papiste travesti, Fugitif du Piemont pour y avoir tué un Prêtre; & sa femme à découvert, que son mary devoit avoir recompense s'il pouvoit dissiper le Commité François, qui est composé de personnes au dessus de tout soubçon, & qui rendent compte exact de leur Administration aux Commissaires uperieurs, qui donnent les uns & les autres leurs soins & leurs peines pour l'amour de Dieu, & de Charité pour leur Freres. Cependant tels Memoires, tous faux qu'ils sont, ayant eu cours sans aucune deffence de la part de l'Innocence affligée, ont produit de trés-mauvais effets contre les Pauvres, car on remarque que depuis plusieurs années, la loüable coutume de quantité de bons Chrétiens, qui leur faisoient des Dons & des Legs à leur mort, à cessé dans le tems de leur plus grand besoin, & que ce qui étoit cy-devant de grande consolation, a été détourné par les Calomnies atroces que les Emissaires de France & de Rome

Rome ont répandu çà & là fubtilement, pendant que le Dogme Papifte du Merite des Oeuvres en France, eft un fecours prefque incroyable aux Anglois & Irlandois qui s'y trouvent en neceffité ; aidés à cela par les Indulgences du Pape en particulier, & par les Exortations des Predicateurs en general.

Enfin par les chofes qu'on vient de dire à l'occafion de ce Livre, on éfpere que le Public ne fe laiffera plus prévenir contre les Refugiez, & que tout cedera à la Declaration de l'Augufte Chambre des Lords, & à celle des Communes, pour faire vivre en confolation, & laiffer mourir en Paix ce grand nombre de Pauvres Membres de Jefus Chrift , fortis de la Perfecution de France, qui implorent la Charité de la Nation, d'une maniere proportionnée à leur befoin, fans que le Public en recoive aucun dommage ; car s'il fe pouvoit pratiquer (que chaque année) tous les Sujets de fa Majefté (dans la Partie du Royaume de la Grande Bretagne, cy-devant Angleterre,) donnaffent chacun feulement un Penny (aux Refugiez dont

eft

eſt icy fait mention) cela leur ſuffi-
roit , & la Nation n'en recevroit aucun dommage , parce qu'ils rendent
d'une main ce qu'ils reçoivent de l'autre. D'ailleurs, comme la plûpart ſont
vieux & malades, la mort, humainement parlant , delivrera la Nation de
ceux là dans peu de tems. Les autres
qui ſont Jeunes, ne ſe ſouviennent de
la France qu'avec reſſentiment , & ſe
confondent chaque jour avec le Peuple; de ſorte qu'aprés la preſente Guerre, quelque Liberté qu'il-y-ait de retourner en France, ce ne ſera que ceux
qu'on eſtime être à la charge de la Nation, & qui ont de grands Biens dans
ce Païs là ; Mais leur nombre ſe rempla-
cera au double par les Parens & Amis
de ceux qui reſtent, qui les inviteront
à venir ici ſe joindre à ceux dont les Facultez & les Talens leur permettent de
jouïr de l'heureuſe Liberté qu'ils ren-
contrent ſous le Regne de l'Auguſte
Reine ANNE ; & ceux-ci & ceux là
enſemble, feront gloire d'être des Sujets fidelles & zelez pour le Païs qui leur
a ſervi d'azile, afin d'en augmenter la
Puiſſance, la Gloire, & les Richeſſes.

LES

LES
PLAINTES
DES
PROTESTANS,

Cruellement Opprimez dans le Royau-
me de FRANCE.

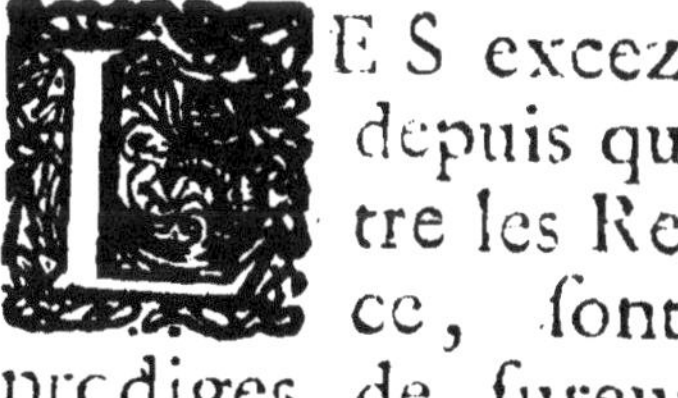

ES excez qu'on a commis
depuis quelque tems con-
tre les Reformés de Fran-
ce, sont de si terribles
prodiges de fureur, & d'iniquité,
qu'il n'est pas étrange que ceux qui
en sont les Auteurs emploient toute sorte de moyens pour les exte-

B   nuer

nuer autant qu'ils peuvent , & pour
en dérober la jufte connoiffance au
Monde. Si on ne favoit pas que c'eft
ici un projet qu'ils ont concerté depuis long-tems , & où ils ont fait
entrer de propos deliberé toutes les
injuftes paffions qui y ont paru , on
pourroit dire que cela même qu'ils
les extenuent , eft une marque
qu'ils les condannent , & qu'ils en
ont du déplaifir. Mais quand les
hommes agiffent de fens froid , &
que leurs tranfports font premédi-
tez , quelque dereglement qu'il y
ait dans leurs actions . il ne leur
eft pas ordinaire de s'en repentir.
Il vaut donc mieux dire , que fi
ce n'eft pas un refte de pudeur , &
de confcience, c'en eft un au moins,
de refpect & de confideration pour
le public , de ne pas ofer produire
devant lui ces violences , dans leur
veritable, & naturelle forme , & de
tâcher de les déguifer pour en diminuer l'horreur.

Cependant quelque favorable tour
qu'on puiffe donner à cette conduite,

duite, il faut demeurer d'acord que
c'eſt une hardieſſe inconcevable que
de vouloir impoſer à toute la terre,
ſur des faits auſſi conſtants, & d'un
auſſi grand éclat que le ſont ceux ci,
& a entreprendre de faire illuſion à
toute l'Europe ſur des événemens
qu'elle aprend, non par des Gazettes, ou par des Lettres; mais
ce qui eſt bien plus authentique,
par un nombre pres-qu'infini de
fugitifs, & de rechapez qui vont
porter leurs larmes, & leurs miſeres,
aux yeux des Nations les plus éloi-
gnées. Il faut même demeurer d'a-
cord, qu'aprés avoir accablé des
innocens dans leur Patrie, c'eſt
pouſſer l'opreſſion trop loin que de
vouloir encore étouffer leurs Plaintes dans les Païs Etrangers, & leur
ravir une compaſſion que les ſeuls
inſtincts de la Nature ne refuſent
jamais à des miſerables. C'eſt pourtant ce que font aujourd'hui nos
Perſecuteurs de France, ils font
marcher l'impoſture aprés la cruauté, non ſeulement afin que le mal

que la cruauté à fait, l'imposture
le couvre, mais encore afin qu'elle
l'agrave, & qu'elle en éloigne jufqu'aux plus foibles remedes.

Il ne f roit pas raifonnable de les
laiffer reüffir dans ce fecond deffein,
comme ils ont fait dans le premier;
& c'eft pourquoi, en attendant une
Relation exacte, & particuliere des
chofes qui fe font paffées dans les
divers Actes de cette Tragedie, nous
nous propofons d'en marquer ici
en general les principales, aprés
quoi nous y ferons des Reflexions
qui donneront lieu d'en juger plus
folidement, & plus équitablement.
Comme nous ne dirons rien à l'é-
gard des faits qui ne foit d'une ve
rité certaine, & publique, nous
n'avancerons rien auffi dans les Reflexions qui ne foit du fens, & de la
portée de tout le monde.

Pour commencer par les faits, il
n'y a perfonne qui ne fache que
peu de tems apres que le Roy à
prefent regnant en France, fut
parvenu à la Couronne, il s'émeut

dans

dans le Royaume une guerre civile
fort apre, & fort animée, qui mit
l'Etat à deux doigts de ſa perte.
On ſait auſſi qu'au milieu de tous
ces troubles, ceux de la Religion
Reformée conſerverent leur fidelité
d'une maniere ſi inviolable, & qu'ils
l'accompagnerent d'un zele, & d'u-
ne ferveur ſi extraordinaire, & ſi
heureuſe, que le Roy ſe ſentit
obligé d'en donner des marques
publiques, par une Declaration ex-
pediée à St. Germain, l'an 1652.
C'étoit alors, tant à la Cour que
dans les Armées, à qui chanteroit
le plus haut les loüanges des Reformés,& la Reine Mere elle même fut
la premiere à en donner l'exemple,
& à reconnoître qu'ils avoient ſauvé
l'Etat.Chacun ſait cela ; Mais on aura peut-être de la peine à croire ce
que nos ennemis même nous ont dit
cent fois, & que les ſuites ne nous
ont que trop confirmé, que ce fut
là préciſément la principale, & la
plus eſſencielle cauſe de nôtre ruine,
& de tous les maux que nous avons

 depuis

depuis soufferts. On tacha d'em-
poisonner dans l'esprit du Roy, &
des Miniftres, ces fervices importans, en leur perfuadant, que fi
dans cette occafion ce P... ci avoit pû
conferver l'Etat, cela vouloit dire
qu'il eût bien pû le renverfer,
s'il fe fut rangé de l'autre côté ; &
qu'il le pourroit bien encore lors
qu'une pareille occafion fe prefen-
teroit. Qu'il falloit donc fonger à
l'abatre, & ne plus regarder le
bien qu'il avoit fait, que comme
une indication du mal qu'il feroit
capable de faire un jour. Et ce rai-
fonnement qui rafine fur tout ce
qu'il y a de plus malin, & qui va
jufqu'à empêcher les Sujets de fervir
leurs Princes, pour ne pas s'attirer
des châtimens, en croyant meriter
des recompenfes, fût goûté comme
une Politique excellente, c'est ce
que nous ne pouvons favoir que par
les effets. Dés que la Paix fut ré-
tablie dans le Royaume, on regla le
deffein de la deftruction des Reformez, & pour leur faire mieux comprendre

prendre que c'étoit leur zele qui les avoit perdus, on voulut commencer par les Villes qui en avoient le plus témoigné. On foudroya d'abord, ſur des pretextes aſſez legers, la Rochelle, Montauban, & Millau, trois Villes où ceux de la Religion s'étoient le mieux ſignalez pour les interêts de la Cour; La Rochelle ſouffrit un grand nombre de proſcriptions, Montauban & Millau furent ſaccagez par des gens de guerre.

Mais comme ce n'étoit que des coups particuliers, & des preludes qui ne decidoient rien, on ne tarda pas long-tems à faire paroître les grandes & generales machines dont on vouloit ſe ſervir pour avancer l'ouvrage qu'on méditoit, & pour conduire les choſes à une derniere extremité. Il ſeroit difficile de marquer au juſte toutes ces machines, tant le nombre s'en eſt multiplié : Car jamais l'eſprit humain ne fit voir une pareille fecondité, châque jour en produiſoit de

nou_

nouvelles ; & durant plus de vingt ans, le fond ne s'en eſt point épuiſé. A ne conter que les principales , & les plus éclatantes, nous pouvons les reduires à ſix ordres. 1. Celles des Procez , & des Chicannes dans ce qu'on apelle le cours ordinaire de la Juſtice. 2. Celles de la privation de toutes ſortes de Charges & d'Emploîs, & en general de tous les moyens de gagner ſa vie. 3. Celles des Infractions de l'Edit, ſous le titre d'explications. 4. Celles des nouvelles Loix, ou de nouveaux Reglemens. 5. Celles des fourberies , & des illuſions amuſantes. 6. Et enfin, celles qui ont eû pour but d'animer les peuples, & de leur inſpirer de la haine, & de l'animoſité contre nous. Ce ſont là à peu prés les plus conſiderables moyens que les Perſecuteurs ont employez pour parvenir à leurs fins, & les grandes voyes ſur leſquelles ils ont marché durant pluſieurs années ; car comme ce qu'ils avoient en veuë n'étoit pas une choſe ſi facile, il falloit du tems pour y diſpoſer la matiere, ſans conter qu'ils ont eu des traverſes, & des interruptions par quelques guerres étrangeres, dont pourtant les ſuccez n'ont pas peu contribué à leur enfler le courage, & à les coufirmer dans le deſſein qu'ils avoient.

Le premier de ces moyens a eu une étenduë preſque infinie. Il *Premiere voie de Perſecution.* y faut d'abord raporter toutes les condannations d'Egliſes, ou Supreſſions d'Exercices, & toutes les autres vexations qui ſont arrivées en conſequence de l'établiſſement des Commiſſaires Mipartis.

Ce fut un piége forr adroitement tendu que celui de ces Commiſſaires. Immediatement aprés le Traité des Pirenées, le Roy ſous pretexte de vouloir reparer les contraventions de l'Edit de Nantes, les envoia dans les Provinces. Le Commiſſaire Catholique Romain fut par tout, l'Intendant de ſa Majeſté, c'eſt à dire un homme habile, ar-
mc

mé de toute l'autorité Royale, &
qui avoit le fecret. L'autre fut, ou
quelque Officier affamé, vendu à
la Cour, ou quelque pauvre Gentilhomme, qui n'avoit pour l'ordinaire, ni l'intelligence requife dans
ces fortes d'affaires, ni la liberté
même de dire fes fentimens. Le
Clergé les avoit fait établir, il étoit
leur efprit mouvant qui les faifoit
marcher, ou fe repofer comme il
le trouvoit à propos. Cependant
fes Sindics ne laiffoient pas d'être
receus devant eux comme parties
formelles dans toutes nos affaires,
les affignations fe donnoient en leur
nom, les pourfuites s'y faifoient
auffi, & tant les partages des Commiffaires que les apels de leurs ordonnances, fe devoient vuider en
dernier reffort dans le Confeil du
Roy.

De cette forte tous les Droits generalement des Eglifes, pour l'exercice de la Religion, pour les Temples, pour les Cimetieres, & telles
autres dependances, étoient mis en
revifion,

reviſion, & par conſequent expoſez aux nouvelles chicanes du Clergé, & à la mauvaiſe intention des
Juges. En quoi il n'y avoit pas une
étincelle d'équité, car l'Edit ayant
été une fois executé, ſelon l'intention de celui qui l'avoit donné, il
n'y avoit rien à retoucher, outre
qu'il étoit hors d'aparence que ceux
de la Religion, qui avoient toujours été dans le Royaume la Partie ſouffrante, y euſſent rien uſurpé, ni qu'ils euſſent étendu leurs
limites au delà de ce qui leur apar-
tenoit. Mais on avoit bien d'autres
penſées que de pourvoir aux con-
travenrions. Auſſi fut-ce par cet
ordre que la plûpart des Egliſes ti-
rées en cauſe pour la juſtification
de leurs Droits, ſe virent bien-tôt
aprés condannées l'une aprés l'au-
re par des Arrêts du Conſeil, quelque bons & ſuffiſants que fuſſent leurs
Titres, & quelque foites qu'euſſent
été leurs deffences. Il ſe paſſoit
peu de ſemaines, qu'on ne vît paroître de tels Arrêts en quantité ; &

ñ la pudeur des Juges en ſauvoit
quelques-unes , par la grande évi-
dence de leur Droit , comme cela
eſt quelquefois arrivé , outre que le
nombre en étoit petit en comparai-
ſon des condannées , les Juges rece-
voient ſouvent des ordres exprés de
condanner , lors qu'ils témoignoient
ne le pouvoir faire en bonne conſcience.

Mais les oppreſſions de cette eſ-
pece ne ſe bornoient pas à la ſimple
condannation des Egliſes , les particuliers y avoient auſſi leur part.
Dans les affaires ordinaires & Civiles où il ne s'agiſſoit que du champ,
& de la vigne , ou de quelqu'interêt
pecuniere , entre un Catholique
Romain , & un homme de la Religion , la Religion étoit toujours une
des plus fortes pieces du Procez.
Les Moines , les Miſſionaires , les
Confeſſeurs , & toute l'Engeance
des devots , ſe déchainoient pour la
ſolicitation , les Congregations ne
manquoient pas de s'enmêler,& l'on
n'entendoit dans les Barreaux que

ces

ces ſortes de diſcours, *Je plaide con-*
tre un heretique, j'ay affaire contre un
homme d'une Religion odieuſe à l'Etat,
que le Roy veut exterminer.

Par ce moyen, il n'y avoit prefque plus de Juſtice à eſperer, peu
de Juges étoient à l'épreuve du faux
zele, ou de la crainte de s'attirer
la cabale ſur les bras, ou de paſſer
pour des ſauteurs d'Heretiques. On
ne ſauroit croire combien ces ſortes
de préjugez ont fait donner de Sen-
tences, & d'Arrêts injuſtes dans toutes les Cours du Royaume, ni combien de fortunes en ont été renver-
ſées, & de familles ruïnées. Lors
qu'on vouloit s'en plaindre, la ré-
ponſe étoit, *Vous avez le remede en*
vos mains, que ne vous faites-vous
Catholiques?

Tout cela pourtant n'eût rien été
ſi la Perſecution eût bien voulu s'en
tenir là, & qu'elle ne fût pas allée
juſqu'à attaquer l'honneur, le repos,
la liberté; & la vie même des perſonnes par une inondation générale,
pour ainſi dire, de procez crimi-

nels , & d'affaires accablantes. On
vit des Ecrits Imprimez à Paris ,
envoyez par toutes les Villes , &
par toutes les Paroiſſes du Royaume juſqu'aux plus petites , qui portoient ordre aux Curez , . Marguilliers , & autres de faire une exacte
recherche de tout ce que les Preten-
dus Reformez pouvoient avoir fait,
ou dit depuis vingt-ans , tant ſur le
ſujet de la Religion qu'autrement,
d'en faire faire des Informations devant les Juges des lieux , & de les
pouſſer ſans aucune rémiſſion.

Auſſi a-t-on vû durant pluſieurs
années , en execution de ces ordres,
les Conciergeries , & les autres Priſons remplies par tout de ces prétendus Criminels. Les faux témoins ,
n'y étoient pas épargnez , & ce
qu'il y avoit de plus horrible , c'eſt
que les Juges quoy que convaincus
que c'étoient des faux-témoins , les
ſouténoient pourtant , & les pro-
tegeoient.

Souvent ſur de faux-témoignages
bien averez , & reconnus pour tels,
ils

ils condannoient des innocens, &
des gens de bien, au fouet, aux galéres, au baniſſement, à l'amande
honorable ; & ſi quelques fois un
reſte d'honneur, & de conſcience
les en empêchoit, il y avoit au
moins toujours une impunité fort
aſſeurée pour les faux témoins.

Cette ſorte de Perſecution eſt
tombée principalement ſur les Miniſtres, parce que depuis long-tems
ils ne Prêchoient plus ſans avoir
pour auditeurs, ou pour mieux dire, pour obſervateurs une troupe
de Prêtres, de Moines, de Miſſionaires, & de gens de cét ordre, qui
ne ſe faiſoient pas une affaire de leur
imputer des choſes qu'ils n'avoient
point dit, & d'en detourner d'autres
en un ſens contraire. Ils alloient
même juſqu'à vouloir deviner les
penſées pour en faire des crimes.
Car dés qu'un Miniſtre avoit parlé
d'Egypte, de Pharaon, d'Iſraëlites,
de méchans, & des gens de bien,
comme il eſt bien difficile de n'en
pas parler quand on explique l'E-

C 2   criture,

criture, ce ……ons ne manquoient
pas de dire … par l'Egypte, & les
méchans, …… avoient entendu les
Catholiques, par Pharaon, le Roy,
& par les Israëlites, les Prétendus
Reformez. Les Juges donnoient là
dedans, & ce qu'il y avoit de plus admirable, c'est que les Ministres d'E-
tat eux mèmes vouloient bien regarder ces interpretations de pensées
comme de fort excellentes preuves.
Sur de semblables principes les Presidiaux, & les Parlemens remplis-
soient leurs Prisons de ces pauvres
gens, il les y gardoient des années
entieres, & souvent ils les condannoient à de dures peines.

On voit déja par cet-
te premiere espéce de Persecution quels étoient les

traitemens qu'on faisoit
en France aux Reformez avant que
d'en venir aux dernieres violences,
mais on les verra paroître encor plus
dans ce que nous avons à ajoûter
touchant la privation des charges,
des emplois, & en general des
moyens

moyens de gagner leur vie, qui eſt la ſeconde voye dont nous avons dit qu'on s'eſt ſervi pour parvenir à leur ruine. Il n'eſt pas difficile de comprendre que dans un grand Royaume comme eſt la France, où ceux de la Religion étoient répandus par tout, il y en eut une infinité qui n'y pouvoient ſubſiſter, ni entretenir leurs familles que par la liberté de ſervir le Public, ou dans les charges, & dans les emplois, ou dans les Arts, & Metiers, ou dans les Facultez, chacnn ſelon ſa vocation. Henri le Grand en avoit ſi bien reconnu la neceſſité & la juſtice, qu'il en avoit fait un Article exprés, le plus formel, peut-être, & le plus diſtinctement énoncé de tous ceux de ſon Edit. Auſſi fut-ce par là que les Perſecuteurs crûrent qu'ils pouvoient faire le plus de ravage, & ils n'épargnerent rien pour y reuſſir.

Dans cette veuë ils commencerent par les Arts, & Metiers. Sous divers pretextes ils les rendirent d'abord preſque inacceſſibles à ceux de

 la

la Religion par les difficultez de parvenir aux Maitrises, & par les depences excessives qu'il falloit faire pour y être receu, n'y ayant aucun aspirant qui n'eût à soutenir pour cela de longs, & de gros procés, dans lesques le plus souvent ils succomboient. Mais cela ne suffisant pas, par la Declaration de 1669. ils les firent reduire au tiers, dans les Villes où ceux de la Religion étoient en beaucoup plus grand nombre que les autres, & ils defendirent d'en recevoir, jusqu'à ce que cette diminution fût faite, ce qui tout d'un coup ferma la porte à tous les pretendans.

Quelques tems aprés, ils chasserent absolument tous les Reformez des Consulats, & de toutes les autres charges Municipales des Villes, ce qui étoit leur ôter la connoissance de leurs propres affaires, & de leurs interêts, pour en investir entierement les Catholiques.

En 1680. le Roy fit un Reglement qui les priva generalement de

toute

toute ſorte d'emplois dans les Fermes, & dans les Finances, depuis
les plus grands juſqu'aux plus petits,
& aux plus vils, comme étoient ceux
des Commis, d'Archers, ou de
Gardes.

On les priva même de toute ſorte
de fonctions dans les Poſtes, Caroſſes
publics, Meſſageries, & autres choſes de cette nature.

En 1681. par Arrêt du Conſeil,
on deſtitua dans toute l'étenduë du
Royaume, tous les Notaires, Pro-
cureurs, Poſtulans, Huiſſiers, &
Sergens faiſant profeſſion de la Religion. Un an aprés on deſtitua
tous les Officiers des Seigneurs, Gen-
tilshommes, & Haut-Juſticiers avec
deffence de s'en ſervir, & de les ap-
peller même pour Aſſeſſeurs, &
Opinans aux Jugemens des Procés,
ſans autre raiſon que celle de leur
Religion.

En 1682. on deſtitua de même
tous les Officiers de la Maiſon du
Roy, & des Maiſons des Princes de
ſon ſang, qui jouïſſoient des Privileges des Commenſaux.

On en fit autant des Conseillers, & autres Officiers des Cours des Aides, & des Chambres des Comptes, de ceux des Sénechauffées, & des Presidiaux, de ceux des Balliages, & des Iudicatures Royales, de ceux des Amirautez, des Prevôtez, & des Marechauffées, des Tréforiers, Réceveurs, & autres ayans charge dans les Gabelles, ou dans les Finances, avec ordre de se defaire de leurs Offices en faveur des Catholiques.

En 1684. on deftitua tous les Secretaires du Roy, Maison, & Couronne de France, tant Titulaires qu'Honoraires, & leurs veuves avec revocation de leurs Privileges de quelque nature qu'ils fuffent.

On deftitua auffi tous ceux qui avoient acheté des Privileges pour exercer quelque profeffion, comme Marchands, Chirurgiens, Apotiquaires, Vendeurs de vin, & tous autres fans exception.

On alla même jufqu'à cet excez que de ne vouloir plus fouffrir de fages-femmes de la Religion pour accoucher,

coucher, & d'ordonner par une Declaration expreſſe que deſormais nos
femmes ne pourroient être aidées
dans leurs accouchémens que par
des perſonnes Catholiques.

Il ne ſe peut dire combien par
tous ces moyens étranges, & inouïs,
ils avoient reduits de perſonnes, &
de familles à la derniere mendicité.

Mais parce qu'il y en avoit encore
qui ſe ſoutenoient, il fallut inventer
d'autres voyes d'accablement. Pour
cet effet ils firent donner un Arrêt
au Conſeil, par lequel les Nouveaux Convertis, comme ils les appelloient, étoient déchargez pour
trois ans du payement de leurs dettes. Cela tomboit pour la plûpart
ſur ceux de la Religion, qui ayant
eu une plus particuliere liaiſon d'affaires, & d'interêts avec ces preten-
dus convertis, à cauſe de la communion de Religion, où ils avoient
été avec eux, étoient comptez entre leurs principaux Creanciers. Par
cet ordre on avoit trouvé le ſecret
de recompenſer ceux qui changoient

goient , aux dépens de ceux qui ne
changoient pas ; & c'est ce qu'on
faifoit encore par une autre voye,
car ils déchargoient les convertis de
toutes les dettes que ceux de la Religion avoient contractées en commun , lefquelles par conféquent
tomboient fur les autres.

A cela ils ajoûterent des défences
de vendre le bien , ni de l'alliéner
fous quelque pretexte que ce fût, le
Roy invalidant , & caffant tous les
Contracts , & autres Actes qui en
feroient faits, s'il ne paroiffoit qu'a-
prés ces Actes, ils avoient demeuré
un an entier dans le Royaume ; de
forte que la reffource de s'aider de
leurs propres fonds dans l'extreme
neceffité , leur fut encore ôtée. On
leur en ôta auffi une autre qui fembloit être la derniere qui leur reftoit,
qui étoit de pouvoir aller chercher
du pain ailleurs, en fe retirant dans
les Païs Etrangers pour y travailler, & gaigner leur vie , ne le pouvant plus en France. Par des Arrêts reïtérez , le Roy leurs fit dé-

fence

de ſortir de ſon Royaume ſous de grieves peines, ce qui les jertoit dans un dernier deſeſpoir, puis qu'ils ſe voyoient reduits à cette horrible neceſſité de mourir de faim dans leur Patrie, ſans oſer aller vivre ailleurs. La cruauté des Adverſaires ne s'arrêta pas même là, car comme il y reſtoit encore dans les Provinces quelques ép—s à glaner, quoi qu'ils fuſſent aſſez rares, & auſſi minces pour le moins que ceux du ſonge de Pharaon, les Intendans eurent ordre, chacun dans ſon Département, d'accabler de Tailles ceux de la Religion; ce qui ſe faiſoit, ou en rejettant ſur eux la Taille des nouveaux Catholiques, qui en étoient déchargez en faveur de leur converſion, ou en faiſant d'autorité des Taxes exorbitantes, qu'on appelloit des Taxes d'Office, c'eſt à dire que celui qui ſur le Rôle de la Taille ordinaire ſe trouvoit, par exemple à quarante ou cinquante livres, par cette Taxe étoit mis à ſept ou huit cens. Ainſi il n'y avoit

plus

plus de quoi tenir , car tout étoit en proye à la rigueur des Intendans. Ils exigoient leurs Taxes par des logemens effectifs de gens de guerre, ou par des emprifonnemens , dont on n'étoit delivré qu'aprés avoir payé le dernier quadrin.

Troifiéme voye de Perfécution

Ce furent là les deux premieres machines dont le Clergé se fervit contre nous. Ils en ajouterent une troifiéme que nous avons appellée les infractions de l'Edit de Nantes fous prexte d'explications. Ceux qui en voudront bien connoître le nombre & la qualité, n'auront qu'à lire les livres qui furent compofez , & publiez fur ce fujet , tant par le Jefuite Meynier, auteur célebre par fes chicanes, que par une certain Fillau de la Ville de Poitiers , & par un Bernard Officier au Prefidial de Befiers en Languedoc. On y trouvera tout ce que la plus baffe , & la plus indigne fophifterie peut inventer de tours pour éluder les textes les plus clairs

de

de l'Edit , & pour en corrompre la
bonne foy. Comme nous ne fai-
ſons icy qu'un abregé de nos vexations, nous nous contenterons d'en
marquer quelques principales qui
nous ſont venuës de cette ſource.

Qu'y avoit-il par exemple de plus
clair , & de plus inconteſtable dans
l'Edit que ceci, ſavoir qu'il avoit
été donné dans l'intention de maintenir ceux de la Religion en tous les
droits que la nature , & la ſocieté
civile donnent aux hommes ? Diſputer là deſſus, ce ſeroit évidemment chicanner. Cependant ſous
pretexte que l'Edit ne portoit pas
formellement que les enfans Bâtards
ſeroient laiſſez en la puiſſance de
leurs Peres, & Meres pour être élevez dans leur Religion, le Roy,
ſans avoir égard que c'eſt un des
premiers, & des plus inviolables
droits de la Nature, & comme ſi
l'Edit n'en contenoit rien, par ſa
Declaration du mois de Janvier
1682. ordonna que tous les Bâtards
de l'un, & de l'autre ſexe, de

D

quel-

quelqu'âge & condition qu'ils fuſſent, ſeroient inſtruits, & élevez
en la Religion Catholique. Il eſt
important de remarquer ces termes,
De quelqu'âge qu'ils fuſſent ; car de là
ſortirent une infinité de Perſecutions. On ne ſe contenta pas de
faire valoir ce Reglement pour l'a-
venir, on rechercha tous les Bâtards juſqu'à des perſonnes de quatre
re vingt ans qui avoient paſſé toute leur vie dan la Religion Reformée, on les empriſonna, & on les
violenta ſur cette ſuppoſition que
leur naiſſance les forçoit à être Catholiques.

Il faut dire la même choſe d'une
autre Declaration du mois de Juin
168'. qui portoit que les enfans
pourroient à l'âge de ſept ans, abjurer la Religion Reformée, & embraſſer la Catholique, ſous pretexte que l'Edit ne marquoit pas pré-
ciſement qu'à cét âge ils ſeroient en
la puiſſance de leurs Peres. Qui ne
voit que c'eſt la derniere de toutes
les chicanes, puiſque d'un côté l'E-
dit

dit défendoit de tirer les enfans des mains de leurs Peres par force, ou par induction ; ce qui vouloit dire ſans doute, juſqu'à ce qu'un âge de raiſon, & de maturité les en tirât, & que d'autre côté l'Edit ſupoſoit, & confirmoit tous les droits natu-rels, dont celui-ci eſt ſans contre-dit un des plus ſacrez.

Y eut-il jamais une infraction de l'Edit plus viſible, & plus manifeſte que celle qui défendoit à ceux de la Religion Proteſtante qui avoient paſſé dans la Romaine, de revenir à celle qu'ils avoient quittée, ſous pretexte que l'Edit ne leur donnoit pas formellement, & en termes ex-prés cette liberté ? Car quand l'E-dit donne generalement à tous les ſujets du Roy la liberté de conſcien-ce, & qu'il défend de les vexer, moleſter, ni aſtreindre à rien faire qui ſoit contraire à cette liberté, qui ne voit que cette exception des pré-tendus Relaps, loin d'être une ex-plication de l'Edit, en eſt une inſigne violation ?

C'eſt à ce même ordre qu'il faut

ra-

raporter l'absence faite aux Catholiques Romains de changer de Religion, & d'embraffer la Reformée. Car quand l'Edit donne liberté de confcience, il le fait en propres termes pour *tous ceux qui font, & feront de ladite Religion.* Cependant fi on en veut croire le Clergé, l'intention de Henri le Grand n'étoit point telle, & il n'avoit prétendu que l'accorder à ceux qui en faifoient profeffion du tems de fon Edit.

L'Edit de Nantes donne aux Reformez le droit d'avoir des petites Echoles dans tous les lieux où ils avoient l'exercice de leur Religion, & par ces termes de *petites Echoles,* felon l'explication commune on avoit toujours entendu celles où l'on pouvoit enfeigner le Latin, & les Lettres humaines.

C'eft le fens qu'on avoit toujours donné dans tout le Royaume, à cette expreffion, & qu'on lui donne encore aujourd'hui, lorsqu'il s'agit des Catholiques Romains. Cependant par une interprétation toute nouvelle, on reſtreignit cette permiſſion, à la ſeule liberté d'enſeigner à lire, à écrire, & l'Aritmetique, comme ſi les Reformez euſſent été indignes d'en apprendre davantage, & cela dans la veuë de fatiguer les Peres, & Meres, & de les jetter dans cette dure extremité, ou de ne ſavoir que faire de leurs enfans, ou de les faire élever par des Catholiques.

L'Edit leur donnoit la liberté dans tous les lieux d'Exercice, d'inſtruire publiquement leurs enfans, *& autres en ce qui concerne la Religion,* ce qui viſiblement établiſſoit le droit d'enſeigner leur Theologie, puiſque leur Theologie n'eſt autre choſe que leur Religion. Et pour les Colleges, où l'on pût enſeigner les Arts Liberaux, & les Sciences Philoſophiques ; car c'eſt proprement ce qu'on appelle College, l'Edit en prometoit des Lettres Patentes en bonne forme.

Mais quoi que cela fût ainſi, on ne laiſſa pas de ſupoſer que l'Edit ne donnoit aucun droit aux Reformez d'enseigner leur Theologie, ni d'avoir des Colleges, & sur cette supofition, on condanna trois Academies qui leur reftoient encore, à Saumur, à Puiflaurens, & à Die. Celle de Sedan même, quoi que fondée dans un Edit particulier, fut suprimée comme les autres, & avant les autres.

Entre les infractions de l'Edit de cette espece, il n'y en a point eu de plus éclatante, n'y de plus folemnelle, que la revocation, ou la caflation des Chambres. Henry le Grand les avoit établies comme perpetuelles, pour faire rendre la Juflice à fes Sujets, fans prévention ni partialité, & pour faire religieufement obferver fon Edit. Cependant fous pretexte qu'il étoit dit que celles de Caftres, & de Bourdeaux pourroient être incorporées dans leurs Parlemens, lors que les caufes qui avoient meu fa Majeflé à les en feparer cefferoient, le Roy d'aujourd'hui par fon Edit, fuprima cel-

les

les de Paris, & de Roüan ; & par
un autre Edit il caſſa, & ſuprima
quelque tems aprés, celles de Gre-
noble, de Toulouſe, & de Bourdeaux, laiſſant par ce moyen ſes
Sujets de la Religion expoſez à la
paſſion, & à l'injuſtice des Parlemens, & des Juges inferieurs. Auſſi
ne ſe peut-il concevoir combien de
vexations ils en ont depuis ſouffert,
ſoit en commun, ſoit en particulier.

Mais il faut aller plus *Quatréme*
avant ; & puiſque nous *voye de Per-*
nous ſommes propoſez *ſecution.*
de montrer dans cét Abregé, les
principales choſes qu'on a fait pour
exercer nôtre patience, avant que
d'en venir aux dernieres fureurs, il
ne faut pas oublier les nouveaux Reglemens, ou les nouvelles Loix qui
n'ont été qu'autant de nouvelles inventions pour nous tourmenter. Le
premier de ces Reglemens qui pa-
rut, fut ſur la forme des enterre-
mens, ou des convois des morts, on
en reduiſit le nombre à trente perſonnes

fonnes pour les lieux où l'Exercice étoit actuellement établi, & à dix pour ceux où il ne l'étoit pas. On en fit en fuite prefques fur toutes chofes, dans la vuë de nous faire des affaires.

On en fit pour empêcher la communication des Provinces les unes avec les autres par des lettres circulaires, ou autrement, non pas méme pour caufe d'aumônes, & de charitez. On en fit pour défendre la tenuë des Colloques dans l'intervalle des Synodes, à la referve de deux cas, la provifion des Eglifes deftituées par le decez de leurs Miniftres, & la correction de quelques fcandales. On en fit pour ôter aux Exercices qu'on appelloit *de Fief*, toutes les marques d'Exercice public, comme la cloche, la chaire, & autres chofes de cette nature. On défendit auffi d'en recevoir les Miniftres dans les Synodes pour y avoir voix deliberative, & de les mettre dans le Catalogue des Eglifes.

On en fit pour interdire aux Mi-

niftres

niſtres de prendre le titre de Paſteurs, ni aucun autre que celui de
Miniſtres de la Religion Prétenduë
Reformée. On en fit pour défendre le chant des Pſeaumes dans les
maiſons des particuliers. On en fit
pour le faire ceſſer dans les Temples
mêmes, lors que le Sacrement paſ-
feroit, ou lors qu'on feroit quelque
proceſſion. On en fit pour empêcher la celebration des mariages
dans les tems interdits par l'Egliſe
Romaine. On en fit pour défendre
aux Miniſtres de Prêcher hors des
lieux de leur reſidence ordinaire.
On en fit pour leur défendre de s'é-
tablir dans des lieux ſans y être envoyez par les Synodes, encore que
les Conſiſtoires les appellaſſent dans
les formes. On en fit pour empêcher
les Synodes d'envoyer dans les Egliſes, plus de Miniſtres qu'il n'y en
avoit lors du Synode precedent. On
en fit pour empêcher les prétendans
au Miniſtére, d'aller étudier dans
les Academies étrangéres. On en
fit pour chaſſer tous les Miniſtres
étran-

étrangers, quoi qu'ils euſſent été
receus au Miniſtere dans le Royaume, & qu'ils y euſſent paſſé la plus
grande partie de leur vie. On en
fit pour interdire aux Miniſtres &
aux Propoſans, la reſidence dans
les lieux où l'Exercice ſeroit intetdit,
ni plus près que de ſix lieuës. On
en fit pour défendre au peuple de
s'aſſembler dans les Temples ſous
prétexte de prieres, de lectures, ou
de chants des Pſeaumes, qu'en preſence d'un Miniſtre envoyé par le
Synode. On en fit un ridicule pour
ôter tous les doſſiers des bancs des
Temples, & pour les reduire tous
à une uniformité. On en fit un
autre pour empêcher les Egliſes un
peu plus fortes, d'aſſiſter les foibles
pour l'entretien de leurs Miniſtres,
& pour leurs autres neceſſitez.

Un autre pour obliger les Peres,
& Meres à donner de groſſes pen-
ſions à leursenfans qui changeroient
de Religion ; Un autre pour interdire les mariages entre des parties
de differente Religion, méme dans
le

le cas de cohabitation ſcandaleuſe.
Un autre portant inhibition à ceux
de la Religion d'avoir deſormais
chez eux aucuns Domeſtiques, ou
Serviteurs Catholiques Romains.
Un autre qui les privoit d'être nom-
mez Tuteurs, ou Curateurs, &
qui par conſequent mettoit tous les
enfans Mineurs dont les Peres
étoient morts dans la profeſſion de
la Religion, ſous la puiſſance, &
ſous l'éducation des Catholiques.
Un aurre défendant aux Miniſtres,
& Anciens, d'empêcher directement ni indirectement, les perſonnes de leurs Troupeaux, d'embraſſer la Religion Romaine, & de les
en diſſuader. Un autre défendant
aux Juifs, & aux Mahometans,
d'embraſſer la profeſſion de la Religion Reformée, & aux Miniſtres
de les y inſtruire, & de les y recevoir. Un autre ſoumettant les Synodes à recevoir des Commiſſaires
Catholiques Romains qui leur ſeroient envoyez de la part du Roy,
avec défences expreſſes de rien faire
qu'en

qu'en leur prefence. Un autre défendant aux Confiftoires de s'affembler que de quinze en quinze jouts, & en prefence d'un Commiffaire Catholique. Un autre défendant aux Confiftoires d'affifter fous pretexte de charité, les pauvres malades de leur Religion, & ordonnant que les malades feroient tranfportez dans les Hôpitaux, avec inhition à toute forte de perfonnes de les retirer dans leurs maifons. Un autre portant confifcation en faveur des Hôpitaux, de tous les fonds, rentes, & autres biens de quelque nature qu'ils fuffent, qui pourroient avoir apartenu aux Eglifes condannées. Un autre portant défence aux Miniftres d'aprocher plus prés de trois lieuës, des lieux dont l'Exercice feroit feulement contefté, ou attaqué de quelque maniere que ce fût. Un autre portant confifcation aux Hôpitaux, de tous les fonds, & rentes deftinés pour l'entretien des pauvres dans les lieux même dont l'Exercice fubfiftoit encore.

core. Un autre ſoumettant les malades, & les mourans, à la neceſſité de
recevoir les viſites, tantôt des Juges,
Commiſſaires & Marguilliers, &
tantôt des Curez, Vicaires, Moines,
Miſſionaires, ou autres Eccleſiaſtiques, afin de les induire à changer
de Religion, ou exiger d'eux ſur ce
ſujet, des Declarations expreſſes.
Un autre portant défence aux Peres, & Meres, d'envoyer ſous quelque pretexte que ce fût, leurs enfans
voyager dans les Païs Etrangers,
avant l'âge de 16. ans. Un autre défendant aux Gentils-hommes, &
Seigneurs, de continuer l'Exercice
de la Religion dans leurs Maiſons,
que premierement ils n'euſſent produit leurs Titres devant les Commiſſaires, & obtenu d'eux une permiſſion de faire Prêcher. Un autre qui reſtraignoit le droit d'Exercice de Fief, à ceux ſeulement
qui ſe trouveroient en poſſeſſion de
leurs, Terres depuis l'Edit de Nantes en ligne directe, ou collaterale.
Un autre qui défendoit aux Egliſes

I

apellées de Bailliage, de recevoir
dans leurs Temples des gens d'un
autre Bailliage. Un autre qui en-
joignoit aux Medecins, Apoticai-
res, & Chirurgiens, d'avertir les
Curez, ou les Magiſtrats, de l'état
des malades de la Religion, afin que
les Magiſtrats où les Curez y puſ-
ſent faire leurs viſites.

Mais entre toutes ces nouvelles
Loix, celles qui ont le plus ſervi au
deſſein, & à l'intention du Clergé,
ont été d'un côté la défence de recevoir dans les Temples aucun de
ceux qui avoient changé de Religion, ni même leurs enfans, ni
aucun Catholique Romain de quelqu'âge, de quelque ſexe, & de
quelque condition qu'ils fuſſent, ſous
peine de privation d'Exercice, d'a-
mande honorable pour les Miniſtres,
avec baniſſement, & confiſcation
de biens; & d'autre côté, l'ordre
de dreſſer dans tous les Temples un
banc particulier pour y mettre les
Catholiques. Car par ce moyen,
dés qu'un homme avoit reſolu de
chan-

changer de Religion, on n'avoit qu'à luy faire faire ſon abjuration en ſecret, & à le faire trouver dés le lendemain au Temple pour y être remarqué par les Catholiques qui étoient dans leur banc. Incontinent on avoit des Informations, & bien tôt aprés des condannations dans toute la rigueur de la Loy. Les Catholiques Romains n'avoient auſſi qu'à entrer dans les Temples ſous pretexte qu'ils avoient un banc, puis ils ſe gliſſoient dans la foule, & d'abord c'étoit une contravention à la Declaration, & une condannation ſûre. C'eſt par cette voye qu'ils ont detruit une infinité de Temples, & d'Egliſes, & mis aux fers je ne ſay combien de Paſteurs innocens; car les f ipons & les faux témoius ne manquoient pas dans ces occaſions.

Toutes ces démarches étoient ſi violentes, qu'il ne ſe pouvoit qu'elles ne *Cinquiéme voye de Perſecution.* fiſſent une forte impreſſion dans l'eſprit des Reformez. Il ne falloit ni

 beaucoup

beaucoup de lumieres, ni beaucoup
de penetration pour comprendre où
cela tendoit. Il y en eut aussi plusieurs qui ouvrirent les yeux, & qui
songerent serieusement à leur sûreté,
en se retirant dés lors hors du Royaume, les uns dans un païs, & les
autres dans un autre selon les habi-
tudes qu'ils pouvoient avoir. C'é-
toit pourtant ce qu'on ne vouloit
pas à la Cour par plus d'une raison;
& pour l'empêcher ils renouvel-
loient de tems en tems ces Arrêts
dont nous avons parlé, qui faisoient
défence de sortir sans congé, sous
de rigoureuses peines; & pour cela
même, ils prenoient beaucoup de
precautions sur les frontieres. Mais
ces precautions étoient assez inutiles, & il valloit mieux jetter de la
poudre aux yeux du peuple, &
faire de fois à autre des choses qui
pûssent nous donner quelqu'esperance d'adoucissement, ou nous de-
rober au moins en quelque maniere, la veuë du grand dessein qu'on
avoit. Ce fut donc dans cette intention

rention que par la Declaration de
1669. on fit revoquer au Roy plusieurs
Arrêts violens qui avoient été déja
donnés dans son Conseil. Ce qui pro-
duisit son effet ; car quoi que les
plus éclairez connuïssent bien que
ce petit temperament ne venoit pas
d'un bon principe , & que dans la
suite on ne laissât pas d'executer ces
mêmes Arrêts , la plûpart du monde neanmoins s'imagina qu'on vouloit encore garder des mesures à nôtre égard , & qu'on ne songeoit
point à une destruction totale.

Nous avons souvent tiré les mêmes conclusions de diverses Declarations verbales qui sont sorties plusieurs fois de la bouche même du
Roy , qu'il ne prétendoit pas nous
faire de grace , mais qu'il vouloit
nous faire une entiere justice &
nous faire jouïr des Edits dans toute
leur étenduë ; qu'il seroit bien aise
de voir tous ses sujets reünis à la
Religion Catholique , & qu'il y
contribueroit de tout son pouvoir ;
mais que de son Regne on ne verroit

point de sang répandu pour cela, ni de violence exercée. Ces Declarations precises, & souvent reïterées, faisoient esperer que le Roy ne les oublieroit point, & qu'au moins pour les choses les plus essencielles, il nous feroit sentir les effets de son équité. On l'esperoit d'autant plus que dans une Lettre qu'il écrivit à sa Serenité Electorale de Brandebourg, dont les Ministres d'Etat prirent soin de faire répandre dans le monde plusieurs copies, sa Majesté luy témoignoit qu'elle étoit trés-satisfaite de la conduite de ses sujets de la Religion. Et qu'étant engagée par sa parole Royale, à les maintenir dans leurs Privileges, son intention étoit de les en faire pleinement jouïr. De là nous tirions assez naturellement cette consequence, qu'elle ne songeoit donc pas à nous precipiter dans une derniere desolation.

A cela il faut ajoûter les ménagemens dont on usoit quelques fois au Conseil. On y conservoit des Eglises, à mesure qu'on en condan-
noit

noit d'autres, pour faire croire qu'ils
faiſoient juſtice, & que celles qu'ils
condannoient n'étoient pas fondées
en bon titre. Quelquefois ils adou-
ciſſoient des Arrêts trop exceſſifs, &
trop rigoureux des Parlemens des
Provinces. Quelques fois auſſi ils
faiſoient ſemblant de ne pas aprouver les violences qui s'exerçoient par
les Interndans, & par les Magiſtrats
inferieurs, juſqu'à donner des ordres pour les moderer. C'eſt ainſi
qu'ils empêcherent l'execution d'un
Arrêt donné au Parlement de Roüan,
qui ordonnoit à ceux de la Religion
de ſe mettre à genoux lors qu'ils
rencontreroient le Sacrement. C'eſt
ainſi qu'ils arrêterent les pourſuites
d'un petit Juge de Charenton, qui
avoit ordonné qu'on rayeroit de nôtre Liturgie, une Priere qui s'y fait
pour les fidelles qui gemiſſent ſous
la tyrannie de l'Antechriſt. C'eſt
encore ainſi qu'ils ne favoriſerent
pas extrémement, une autre Perſecution qui commençoit à ſe rendre
generale dans le Royaume contre les
Miniſtres,

Miniftres, fous pretexte de les obliger à prêter un ferment de fidelité,
dans lequel on inferoit d'autres clau-
fes contraires à ce que les Miniftre
devoient à leur charges, & à leur
Religion. C'eft ainfi qu'ils fufpendirent l'execution de quelques Arrêts qu'ils avoient eux mêmes donnez, foit pour mettre les Miniftres
à la Taille, foit pour les obliger à
refider dans le lieu précifément où
ils faifoient leurs Exercices. Dans
cette même veuë, les Syndics du
Clergé, eurent l'adreffe de laiffer
durant plufieurs années en quelque
repos, les principales Eglifes du
Royaume, fans les inquieter pour
leurs Exercices, pendant qu'ils de-
foloient toutes celles de la Campagne. Ils fufpendirent auffi le jugement des Academies & les refer-
verent pour la fin. Ce fut encore
dans cette veuë, qu'à la Cour ils
firent d'abord femblant de ne pouvoir pas croire, & enfin de ne pas
aprouver les excez que commettoit
dans fon Departement, un certain

Ma-

Marillac Intendant de Poitou, homme affamé, & cruel, plus propre à être voleur de grands chemins, qu'Intendant de Province, quoi qu'en effet ils l'eussent découplé tout exprés pour faire ces expeditions.

Mais de toutes ces illusions, il n'y ne a point eû de plus célebres, que cinq ou six qu'il ne sera pas hors de propos de marquer ici. La premiere fut que dans le tems même qu'à la Cour ils donnoient tous les Arrêts, Declarations, & Edits dont nous avons ci-dessus parlé, & qu'ils les faisoient exécuter à toute rigueur, dans le tems même qu'ils interdisoient les Eglises, qu'ils faisoient démolir les Temples, destituoient les particuliers de leurs charges, & de leurs emplois, qu'ils reduisoient les gens à la Faim, les emprisonnoient, les chargecient d'Amendes, les banissoient ; & en un mot qu'ils ravageoient presque tout, les Intendans, Gouverneurs, Magistrats, & autres Officiers dans Paris, & dans tout le Royaume, disoient

foient froidement, & avec gravité,
que le Roy n'avoit nulle intention
de toucher à l'Edit de Nantes, &
qu'il le vouloit fort religieufement
obferver. La feconde fût, que dans
ce même Edit que le Roy publia
pour défendre aux Catholiques Romains, d'embraffer la Re igion Reformée ; ce qui cê fit en 1682. c'eft
à dire en un tems qu'ils avoient déja
fort avancé l'ouvrage de nôtre de-
folation , ils y firent inferer uhe
claufe formelle en ces termes, qu'il
*confirmoit l'Edit de Nantes en tant que
befoin étoit, ou feroit* La troifiéme,
que dans les Lettres Circulaires que
le Roy écrivit aux Evêques, & aux
Intendans, pour les obliger à figni-
fier au: Confiftoires, l'Avertiffe-
ment Paftoral du Clergé ; il leur
dit en propres termes, *Que fon intention n'étoit point qu'on fit rien qui peût
donner atteinte à ce qui avoit été accordé à ceux de la Religion Prétendüe
Reformée par les Edits, & Declarations donnez en leur faveur.* La quatriéme, que par une Declaration
expreffe

expreſſe, publiée à la fin de l'année 1684. le Roy ordonna que les
Miniſtres ne pourroient demeurer
dans une même Egliſe, que l'eſpace
de trois ans, ni revenir à la premiere que dans douze ans, & qu'ils ſeroient ainſi tranſportez d'Egliſe en
Egliſe à la diſtance de vingt lieuës
l'une de l'autre, ſupoſant par une
conſequence manifeſte, que ſon
deſſein étoit de conſerver encore
l'Exercice de la Religion, & les
Miniſtres dans le Royaume, douze
années pour le moins, quoi qu'en
effet on meditât dés lors la revocation de l'Edit, & qu'elle eût été
déja reſoluë dans le Conſeil. La
cinquiéme conſiſta dans une Requête qui fut preſentée au Roy par
l'Aſſemblée du Clergé, ſur le tems
même qu'on travailloit à dreſſer
l'Edit revocatif de celui de Nantes,
& qu'il étoit entre les mains du Procureur General pour lui donner la
forme. Et dans l'Arrêt qui fut donné ſur cette Requête, le Clergé ſe
plaignoit des imputations que les
Mi-

Miniftres avoient accoutumé de faire à l'Eglife Romaine, à qui, di-
foient-ils, ils attribuoient des Doctrines qu'elle n'a pas ; & ils prioient
fa Majefté d'y pourvoir. Mais ils
declaroient auffi formellement qu'ils
ne demandoient pas pour encore la
revocation de l'Edit. Sur quoi le
Roy par fon Arrêt fait defences ex-
preffes aux Miniftres de parler de
l'Eglife Romaine ni en bien ni en
mal, ni directement, ni indirectement dans leurs prèches, fupofant
comme chacun voit, que fa penfée
étoit de les laiffer encore prècher.
Vit-on jamais de pareilles illufions ?
Mais y en eut-il jamais de plus
grande que celle qu'ils ont mis dans
l'Edit même dont nous parlons ? Le
Roy aprés avoir caffé, & annulé
l'Edit de Nantes, & tout ce qui s'en
eft enfuivi, aprés avoir interdit
pour toujours toute forte d'Exercice, banni à perpetuité de fon Royaume tous les Miniftres, y declare
formellement que fa volonté eft,
que les autres fujets qui ne vou-

dront

dront pas changer de Religon, pourront demeurer dans ſes Etats en toute liberté, y jouïr de leurs biens, & y vivre dans le commerce ordinaire, ſans être moleſtez, ſous pretexte de leur Religion, juſqu'à ce qu'il plaiſe à Dieu de les illuminer & de les convertir. Amuſement, & piege pour les Dupes, comme il a paru depuis, & comme il paroît encore tous les jours par les horribles traitemens qu'on leur fait, ~~dont~~ nous aurons à parler dans la ſuite.

Avant que d'y venir, il nous reſte à dire un mot d'une autre machine preparatoire, que les Perſecuteurs n'ont pas manqué de mettre en œuvre pour leur deſſein, & que nous avons contée comme la ſixiéme en ordre. Elle a conſiſté à diſpoſer inſenſiblement, & peu à peu les Peuples à deſirer nôtre deſtruction, à la recevoir avec applaudiſſement quand elle arriveroit, & à diminuer dans leur eſprit l'horreur que naturellement ils au

Sixiéme voye de Perſecution.

roient eû pour les cruautez, &
pour les injuſtices, que les Perſecuteurs meditoient. C'eſt à quoi on
a employé divers moyens. Les
premiers, & les plus communs ont
été les Sermons des Miſſionaires, &
autres Predicateurs Controverſiſtes,
dont on avoit depuis quelques années couvert le Royaume, ſous le
titre de Miſſions Royales. On choiſit d'ordinaire en France pour faire
un tel métier, des eſprts échauffez;
on leur donne enſuite une éducation, qui loin de les moderer les
embraſe, de ſorte qu'il eſt aiſé de
comprendre quels Acteurs ſe ſont,
lorſque non ſeulement ils ſe ſentent
apuyez, mais qu'ils ſe voyent encore animez, & qu'ils ont des ordres exprés d'inſpirer la colére à
leurs auditeurs. Auſſi s'en acquit-
toient-ils ſi bien, que ſouvent il n'a
pas tenu à eux qu'on n'ait vû des
émotions populaires dans les Villes,
& dans Paris méme, ſi la prudence
des Magiſtrats ne les eût empêchées.
Aux Predicateurs, il faut ajoûter

les Confeſſeurs & Directeurs de
conſcience, les Moines, les Curez,
& en general tous les Eccleſiaſtiques,
depuis les premiers juſqu'aux derniers. Car comme ils n'ignoroient
pas quel étoit à cét égard l'Eſprit
de la Cour, c'étoit à qui marque-
roit le plus de zele, & le plus d'a-
verſioñ contre la Religion, parce
que chacun y trouvoit ſon conte, &
que la voye étoit ſûre pour avancer
ſes affaires. Dans cette même veuë
d'animer les peuples, il ſe paſſoit
peu de jours qu'on ne fit retentir les
ruës, tant de la publication des Arrêts, Edits, & Declarations contre les Prêtendus Reformez, que de
celle de pluſieurs de ces libelles Sa-
tyriques, & ſeditieux dont on eſt
fort avide dans les villes de France.
Mais cela n'étoit propre que pour
le peuple bas, & les Perſecuteurs
avoient cette mortification de voir
deſaprouver leur deſſein, & leur conduite, par tout ce qu'il y avoit de gens
ſages, & élevez au deſſus du Commun. C'eſt à cauſe de cela qu'ils

en-

emploierent la plume de quelques
Auteurs qui s'étoient déja acquis de
la reputation dans le monde, & entr'autres celle de l'Auteur de l'Hiftoire de Theodofe le Grand, &
celle de Monfieur Maimbourg, autrefois Jefuite. Celui-ci publia fon
Hiftoire du Calvinifme, dont il eut
depuis le loifir de fe repentir, par
les Réponces vives, & confondan-
tes qu'on y fit. A leur exemple il
y en eut plufieurs autres moins fi-
gnalés qui fe mirent fur les rangs ;
& Monfieur Arnaud qui veut être
de toutes les parties où il y a de la
bile a répandre, & du mal à faire,
ne perdit pas cette occafion de fa-
tisfaire fon humeur, & de tâcher
en même tems de fe remettre bien
en Cour. Mais quoi que fon Apo-
logie pour les Catholiques fût un
ouvrage auffi plein de feu & d'em-
portement que les Devots le pouvoient fouhaiter, elle ne fut pourtant pas agréable, parce que d'ailleurs fa perfonne ne l'étoit pas. Il
en fut fi mal payé, qu'il s'en plai-

gnit

gnit à Monſieur l'Archêveque de Rheims, par une Lettre dont on fit courre des Copies par tout Paris. Entr'autres choſe il y exageroit ſon malheur, & ſe comparoit avec un autre homme, qui pour de beaucoup moindres ſervices, avoit receu du Roy vingt mille livres de recompenſe. Cela fit connoître de plus en plus, l'humeur, & le caractere du perſonnage.

Quoi qu'il en ſoit, on n'avoit que faire de luy, car on ne manquoit pas d'Ecrivains violens, parmi leſquels il ne faut pas oublier un certain Monſieur Soulier, autrefois, diſoit-on, Tailleur, & à preſent Auteur de l'Hiſtoire des Edits de Pacification, ni Monſieur Nicole, autrefois grand Janſeniſte, & à preſent Proſelyte de Monſieur l'Archevêque de Paris, Auteur du Livre intitulé, les Proteſtans convaincus de Schiſme, ni l'Auteur du Journal des Sçavans, qui dans ſes Gazettes ordinaires, ſoutenoit hautement, qu'il falloit planter la foy Catholique, par le fer, & par le feu ; & en alleguoit pour preuve, l'exemple d'un Roy de Norvege, qui convertissoit les Seigneurs de son Pais, en les menaçant d'égorger à leurs yeux, leurs petits enfans, s'ils ne se faisoient baptiser eux mêmes.

Durant un assez long tems, on n'a vû dans Paris, & ailleurs, que de ces sortes d'Ecrits, tant la passion y étoit venuë à son comble.

Soins des Reformez pour leur défense. Au reste, pendant que toutes ces choses, que nous venons de marquer ici, se passoient en France, & qu'on s'avançoit à grands pas vers la fin, il ne faut pas s'imaginer que les Reformez négligeassent leurs interêts communs, ni qu'ils ne fissent tout ce qui pouvoit regarder une juste, & legitime defence. Ils envoyoient souvent du fond des Provinces, leurs Deputez à la Cour, ils soutenoient leurs droits au Conseil, ils y portoient leurs plaintes de toutes parts, ils faisoient agir Monsieur leur Deputé

puté General, tant envers les Juges, & les Miniſtres d'Etat, qu'envers la perſonne même du Roy ; quelquefois auſſi ils preſ ntoient des Requêtes Generales, où ils expoſoient leurs griefs, avec toute l'humilité, & tout le reſpect que des Sujets doivent à leur Souverain. Mais loin de les écouter, on agravoit toujours leurs peines, & leur ſeconde condition devenoſt pire que la premiére. La derniere Requête qui fut donnée au Roy même par le Deputé Général, au mois de Mars de l'année 1684. étoit conçeuë dans les termes du Monde les plus ſoûmis, & les plus capables d'émouvoir la pitié, comme chacun en peut juger, parce qu'elle a été depuis Imprimée. Elle ne produiſit pourtant d'autre fruit, que de hâter ce qu'on avoit dés long-tems réſolu, qui fut d'employer la force ouverte pour achever de nous accabler.

C'eſt ce qui ſe fit en effet quelques mois aprés, & qui s'eſt executé d'une

L'Expedition des Dragons.

maniere

maniere ſi terrible, & ſi éclatante,
que comme nous l'avons dit au commencement, il y a peu de perſonnes dans l'Europe, quelque éloi-
gnées qu'elles ſoient des accidens
du Monde, qui n'en ayent entendu le bruit. Mais les circonſtances
aparemment n'en ſont pas connuës de
tous ; & c'eſt pourquoi nous en tou-
cherons ici quelque choſe en peu de
mots, ne fut-ce que pour fermer
la bouche à l'impudence de ceux
qui publient qu'on n'a fait nulles
violences en France, & que les converſions s'y ſont faites de plein gré.
D'abord on prit des meſures pour
couvrir de gens de guerre toutes les
Provinces preſque en un même tems,
& on y employa principalement les
Dragons, qui ſont les troupes les
plus déterminées du Royaume. On
fit marcher devant eux la terreur &
l'effroy ; & comme de concert toute la France fut en un inſtant rem-
plie de cette nouvelle, que le Roy
ne vouloit plus ſouffrir de Hugue-
nots dans ſes Etats, & qu'il falloit
qu'ils

qu'ils ſe reſoluſſent à changer de Religion, rien ne les en pouvant garentir.

On commença par le Bearn, où les Dragons firent leurs premieres executions. On ſuivit bien tôt aprés par la Haute, & par la Baſſe Guiene, par la Xaintonge, l'Aunix, le Poitou, le Haut Languedoc, le Vivarêts, & le Dauphiné. Aprés quoi l'on vint au Lionnois, aux Cevennes, au Bas Languedoc, à la Provence, aux Vallées, & aux Païs de Gex. Depuis on eſt allé par tout le reſte du Royaume; & la Normandie, la Bourgogne, le Nivernois, le Berry, l'Orleanois, la Touraine, l'Anjou, la Bretagne, la Champagne, la Picardie, & l'Iſle de France, en y comprenant Paris même, ont ſubi le même deſtin. La premiere choſe que les Intendans avoient ordre de faire, étoit de ſommer les Villes, & les Communautez; ils faiſoient aſſembler les habitans faiſant profeſſion de la Religion; & là ils leurs expoſoient la volonté du Roy,

Roy, qui étoit que sans retardement ils se fissent Catholiques ; & que s'ils ne le vouloient faire de gré, on leur feroit faire de force. Les pauvres gens surpris & étonnez d'une telle proposition, répondoient, qu'ils étoient prêts de sacrifier au Roy leurs biens, & leurs vies, mais que leurs conscience étant à Dieu, ils ne pouvoient pas en disposer de cette maniere.

Il n'en falloit pas davantage pour faire incontinent approcher les Dragons qui n'étoient pas loin.

D'abord les Troupes se saisissoient des avenuës, & des portes des Villes, ils mettoient des Gardes par tous les chemins, & souvent ils entroient dans les lieux l'épée à la main, crians, *Tuë*, *Tuë*, *ou Catholiques*. On les logeoit chez ceux de la Religion pour y vivre à discretion, avec défence à toutes personnes de sortir hors de leurs maisons, ni de mettre à couvert aucun de leurs meubles, ou de leurs Effets, sous de grosses peines, & aux Catholi-

ques de les recevoir, ni de leur prêter la main en quelque ſorte que ce
fût. Les premiers jours ſe paſſoient
à diſſiper tout ce que leurs hôtes
avoient de proviſions, & à leur arracher, l'euſſent-ils eu dans les en-
trailles, tout ce qu'ils pouvoient
avoir d'argent, de bagues, de
joyaux de femmes, & en general
tout ce qui étoit de quelque prix.
Aprés cela, ils mettoient les familles au pillage; & ils appelloient,
non ſeulement les Catholiques des
lieux, mais encore tous ceux des
Villes & des Bourgs circonvoiſins,
pour venir acheter d'eux les meubles, hardes, & autres choſes dont
ils pouvoient faire quelque ſomme.
Enſuite ils s'attachoient aux perſonnes ; & il n'y a méchanceté ni horreur qu'ils ne miſſent en pratique
pour les forcer à changer de Religion.

Parmi mille hurlemens, & mille
blaſphemes, ils pendoient les gens,
hommes, & femmes, par les cheveux, ou par les pieds, aux plan-
chers

chers des chambres, ou aux cro-
chets des cheminées, & ils les faifoient fumer avec des bottes de foin
mouillé, jufqu'à ce qu'ils n'en pouvoient plus; & lors qu'ils les avoient
dépendus, s'ils ne vouloient pas
changer, ils les répendoient incontinent.

Ils leurs arrachoient les poils de
la barbe, & les cheveux de la téte,
jufqu'à une entiere dépilation.

Ils les jettoient dans de grands
feux qu'ils avoient allumez exprés,
& ne les en retiroient que quand ils
étoient demi rotis. Ils les attachoient fous les bras avec des cor-
des, & les plongeoient, & réplon-
goient dans des puits, dont ils ne
les ôtoient qu'aprés avoir promis de
changer de Religion. Ils les attachoient comme on fait les criminels
à qui on donne la queftion; & en
cét état, avec un entonnoir, ils les
rempliffoient de vin, jufqu'à-ce
que la fumée du vin les mettant
hors d'état de raifon, ils puffent
leur faire dire qu'ils confentoiens à

être

être Catholiques. Ils les dépouil-
loient nuds, & aprés leur avoir fait
mille indignitez, & mille infamies,
ils les lardoient d'épingles, depuis
le haut juſqu'au bas. Ils les déchic-
quetoient à coups de ganif, &
quelques fois avec des pincettes rou-
giès au feu ; ils les prenoient par le
nez, & les promenoient dans les
chambres, juſqu'à ce qu'ils promiſ-
ſent de ſe faire Catholiques, où
que les cris de ces pauvres miſerables, qui dans cét état, invoquoient
Dieu à leur ſecours, les contrai-
gniſſent à les quitter. Ils les battoient à coups de bâtons ; & tous
meurtris, & rompus, ils les traî-
noient aux Egliſes, où leur ſimple
preſence forcée, étoit contée pour
une abjuration. Ils les empêchoient
de dormir durant l'eſpace de ſept
ou de huit jours, ſe relevant les uns
les autres, pour les garder à veuë
jour, & nuit ; & pour les tenir ré-
veillez, ſoit en leur jettant des ay-
guiairées d'eau ſur le viſage, ſoit
en les tourmentant en mille manie-
G

res,

res, soit en leur tenant sur la tête, des chaudrons renverfez, fur lefquels ils faifoient un continuel charivari, jufqu'à-ce que ces malheureux euffent perdu le fens. S'ils en trouvoient de malades, hommes, ou femmes, attachez au lit, par de groffes, & ardantes fievres, ils avoient la cruauté d'affembler une douzaine de Tambours, & de faire battre la quaiffe à l'entour de leurs lits, durant des femaines entieres, fans difcontinuer cét exercice, qu'ils n'euffent donné parole de changer. Il eft arrivé en quelques lieux, qu'ils ont attaché les Peres, & les Maris, aux quenouilles des lits ; & à leurs yeux, ils ont voulu forcer leurs femmes, & leurs filles, fans qu'il s'en foit fait aucune punition. Ils arachoient les ongles des mains, & des pieds ; ce qui ne fe pouvoit faire fans des douleurs inouïes. Ils enfloient hommes, & femmes, avec des foufflets, jufqu'à les faire crever.

Si aprés ces horribles traitemens, il

il y en avoit encore qui refufaſſent de changer, on les empriſonnoit, & l'on choiſiſſoit pour cela des cachots noirs, & infects, où l'on exerçoit contr'eux toutes fortes d'inhumanitez. Cependant, on demoliſſoit leurs maiſons, on defoloit leurs heritages, on coupoit leurs bois, & on fe faiſiſſoit de leurs femmes, & de leurs enfans que l'on jettoit dans des Convens. Quand les gens de guerre avoient tout devoré, & conſumé dans une maiſon, les Fermiers du Domaine leur fourniſſoient la ſubſiſtance; & pour s'en rembourſer, ils faiſoient vendre par authorité de Juſtice, les fonds des hôtes, & s'en mettoient en poſſeſſion. Si quelques-uns, pour garentir leurs conſciences, & pour échaper à la tyrannie de ces enragez, ſe fauvoient à la fuite, on les pourſuivoit dans les champs, & dans les bois; on tiroit fur eux comme fur des bêtes fauvages, les Prevôts battoient pour cela les chemins, & les Magiſtrats des lieux avoient ordre de les arrê-

           ter

ter sans distinction. On les ame-
noit d'où ils étoient partis, & on
les traitoit en prisonniers de guerre.

Il ne faut pas au reste se figurer,
que cét orage ne tombât que sur
le peuple, les Nobles, Gentils-hom-
més, & Seigneurs de la plus haute
qualité, n'en ont pas été exempts ;
ils ont eu chez eux des logemens
effectifs, de la même manière, &
avec les mêmes fureurs, que les
Bourgeois, & les Païsans.

On a ravagé leurs biens, on a
pillé leurs maisons, on a abatu leurs
Châteaux, on a coupé leurs bois,
on a enlevé leurs enfans, & leurs
personnes même ont été exposées à
l'insolence, & à la barbarie des
Dragons, ne plus ne moins que celles des autres. On n'a épargné,
ni sexe, ni âge, ni qualité ; par
tout où l'on a trouvé quelque re-
sistence au commandement de changer de Religion, on a mis en œuvre les mêmes violences.

Il y avoit encore de reste quelques Officiers des Parlemens qui
ont

ont subi le même joug, aprés avoir premierement été destituez de leurs Offices ; & les Officiers même de guerre qui étoient actuellement dans le service, receurent ordre de quitter leurs postes, & leurs quartiers, & de se rendre incessamment dans leurs maisons pour y essuyer une pareille tempête, si pour l'éviter ils ne vouloient se faire Catholiques. Plusieurs Gentils-hommes, & autres personnes de qualité, & plusieurs Dames, d'un âge, & d'une naissance fort distinguée, voyant tous ces excez, avoient espéré de trouver quelque retraite dans Paris, où à la Cour même, ne pouvant pas comprendre que les Dragons les vinsent chercher jusques sous les yeux du Roy ; mais cette esperance ne fut pas moins vaine que toutes les autres. Il y eut incontinent un Arrêt du Conseil qui leur fit commandement de sortir de Paris, & de la Cour dans quatre jours, & de s'en retourner incessamment chez eux, avec défence à toutes person-

nes,

nes, sous de grosses peines, de les
loger, ou de les retirer dans leurs
maisons. Quelques-uns ayant entrepris de presenter au Roy même,
des Placets, contenans des plaintes
de ces cruels traitemens, avec sup-
plication à sa Majesté, d'en vouloir
arrêter le cours, ils n'eurent d'autre Reponce que celle de les envoyer à la Bastille, où depuis ils
ont souffert à peu-prés les mêmes
persecutions.

Avant que d'aller plus loin, il est
important de faire quelques remar-
ques. La premiere est, que presque par
tout à la tête de ces Legions infer-
nales, outre les Commandans, &
les Officiers de guerre, marchaoient
aussi les Intendans, & les Evêques,
chacun dans son Diocése, avec une
troupe de Missionaires, de Reli-
gieux, & d'Ecclesiastiques,

Les Intendans donnoient les ordres comme ils le jugeoient à propos, pour presser les conversions, &
pour reprimer la pitié & la commi-
seration naturelle, ou bien l'équité ;

té ; ſi quelquefois elle trouvoit place dans le cœur des Dragons, ou
dans celui de leurs Commandans,
ce qui n'arrivoit pas ſouvent, les
Miſſionnaires, & les Eccleſiaſtiques,
y étoient pour animer de plus en
plus les gens de guerre à une execution ſi agréable à l'Egliſe, & ſi
glorieuſe, diſoient-ils, à Dieu &
à ſa Majeſté. Et pour Noſſeigneurs
les Evêques, ils y étoient pour tenir table ouverte, pour recévoir
les abjurations, & pour avoir une
inſpection generale, & ſevere, afin
que tout s'y paſſât conformement
aux intentions, & aux inclinations
du Clergé. La ſeconde choſe qu'il
faut remarquer eſt, que quand les
Dragons en avoient fait ſuccomber
quelques-uns par toutes les horreurs
qu'ils pratiquoient, incontinent on
changeoit leurs logemens ; & on les
envoyoit ſur ceux qui perſeveroient
encore. Cét ordre s'executoit de
cette maniere juſqu'à la fin, de ſorte que les derniers, c'eſt à dire, ceux
qui avoient témoigné le plus de fermeté,

meté, ſe trouvoient avoir enfin eux
ſeuls ſur les bras, tous les Dragons,
qui au commencement avoient été
diſperſez ſur tous les habitans du
lieu ; ce qui faiſoit un accablement,
contre lequel il n'étoit pas poſſible
de tenir. La troiſiéme remarque
qu'il faut faire eſt, que preſque
dans toutes les villes les plus conſiderables, avant que d'y envoyer les
troupes, on avoit pris ſoin par le
Miniſtere des Intendans, ou par
quelqu'autre voye ſourde, & ſûre,
de gaigner un certain nombre de
perſonnes, non ſeulement pour
changer eux mêmes de Religion,
quand il en ſeroit tems, mais auſſi
pour aider à en faire changer les autres. Ainſi lors que les Dragons
avoient aſſez joüé leur jeu, l'Intendant avec l'Evêque, & le Comman-
dant des troupes faiſoient derechef
aſſembler ces miſérables habitans, déja ruïnez, pour les exhorter à obeïr
au Roy & à ſe faire Catholiques, en
y ajoûtant les plus terribles menaces
dont ils pouvoient les intimider, &

alors

alors les gagnez ne manquoient pas
d'executer ce qu'ils avoient promis ;
ce qu'ils faiſoient avec d'autant plus
de ſuccez , que les peuples avoient
encore de la confiance en eux.

Une quatriéme remarque eſt, que
quand le Maître de la maiſon penſant ſe décharger du logemens des
gens de guerre , avoit obeï, & ſigné
ce qu'on avoit voulu, il n'en étoit
pas quite pour cela; ſi ſa femme,
ſes enfans, & juſqu'au moindre de ſes
domeſtiques , ne faiſoient la même
choſe. Et lorſque ſa femme, ou quelqu'un de ſes enfans ou de ſes domeſtiques s'enfuyoit, on ne ceſſoit de le
tourmenter , juſqu'à-ce qu'il les eût
fait revenir ; ce qui ſouvent étant
impoſſible , le changement de Religion ne luy ſervoit de rien, & ne le
tiroit pas de l'abîme. Pour un cinquiéme , quand ces malheureux
s'étoient imaginez qu'ils pouvoient
mettre leur conſcience à couvert
en ſignant quelque formulaire d'abjuration équivoque qu'on leur avoit
preſenté d'abord pour les enlacer,
on

'on revenoit à eux quelques jours
'aprés ; & ils n'en échapoient point
qu'ils n'en n'euſſent ſigné un autre, où
l'on les engageoit à toute outrance ;
& ce qu'il y avoit encore de plus
impudent, c'eſt qu'on leur faiſoit
reconnoître qu'ils embraſſoient la
Religion Romaine de leur plein gré,
& ſans y avoir été, ni induits, ni
violentez. Si aprés cela ils faiſoient
difficulté d'aller à la Meſſe, s'ils ne
communioient pas, s'ils n'aſſiſtoient
pas aux Proceſſions, s'ils ne ſe con-
feſſoient pas, s'ils ne diſoient pas
leur Chapelet ; ſi par un ſoûpir
échapé, ils témoignoient de la contrainte, on les chargeoit d'amendes pecuniaires, & les logemens re-
commençoient. Enfin, pour une
ſixiéme remarque, à meſure que les
troupes ravageoient de cette ſorte
les Provinces, & qu'elles répan-
doient par tout la deſolation, & la
frayeur, on avoit envoyé des ordres ſi ſeveres, & ſi exprés, dans
toutes les roûtes, dans tous les
ports, & ſur toutes les Frontieres,

pour

pour ſe ſaiſir des paſſages , & pour arrêter tous ceux qui prétendroient ſortir de France, qu'il n'y avoit preſque plus aucune eſperance de pouvoir ſe ſauver par la fuite. Nul n'avoit la liberté de paſſer, s'il ne portoit une atteſtation de ſon Evê-que, ou de ſon Curé, qui portât qu'il étoit Catholique.

Les autres étoient mis en priſon, & traitez en criminels d'Etat. De congé, on n'en donnoit abſolu-ment aucun. On faiſoit des viſites exactes dans les vaiſſeaux étrangers, on gardoit les côtes, les ponts, les paſſages des rivieres, & les grands chemins ; les nuits n'étoient pas plus favorables que les jours, & à cét égard, la perſecution al-loit ſi loin, qu'on voulut obliger quelques Etats voiſins, à ne plus Recevoir de Refugiez, & à ren-voyer ceux qu'ils avoient déja re-ceus. On entreprit même d'en en-lever quelques-uns dans les Païs étrangers.

Pen-

Pendant que tout çela se paſſoit dans le Royaume, on meditoit à la Cour de fraper le dernier coup, qui conſiſtoit à donner un Edit revocatif de celui de Nantes. On fut quelque tems à conſulter, tant ſur la matiere, que ſur la forme de ce nouvel Edit. Les uns vouloient que le Roy retiñt tous les Miniſtres, & qu'il les forçât, comme les Laïques, à changer de Religion, ou qu'il les condannât à une priſon perpetuelle. Ils alléguoient pour raiſon, que s'il ne le faiſoit, ce ſeroit autant d'ennemis ardalis qu'il auroit contre luy dans les Nations étrangeres.

Les autres au contraire ſoûtenoient, que tant que les Miniſtres ſeroient en France, ils affermiroient toûjours les peuples dans leur Religion, quelque précaution qu'on prit pour les empêcher ; & que quand même ils changeroient, ce ſeroit autant d'adverſaires couverts, que l'Egliſe Romaine nourriroit dans

ſon

ſon ſein, & qui ſeroient d'autant
plus dangereux, qu'ils étoient ha-
biles, & ſtilez dans les matieres
controverſées. Ce dernier parti
l'emporta, & on reſolut de bannir
les Miniſtres, & de ne leur donner
que quinze jours à vuider le Royaume. Pour le reſte, l'Edit fut mis
entre les mains du Procureur General du Parlement de Paris, afin
qu'il le retouchât & qu'il luy don-
nât la forme qu'il jugeroit la plus
convenable. Mais avant que de le
publier, on jugea qu'il étoit neceſſaire de faire deux choſes, l'une
d'obliger l'aſſemblée du Clergé en
ſe ſeparant, de preſenter au Roy
la Requête dont nous venons de
parler, dans laquelle ils diſoient à
ſa Majeſté, qu'ils ne luy demandoient pas pour le preſent la revocation de l'Edit de Nantes ; & l'autre, de faire une ſupreſſion generale de tous les livres de la Religion,
& de faire donner un Arrêt pour cela. Par la premiere de ces choſes,
le Clergé prétendoit ſe mettre à

couvert des reproches qu'on pourroit luy faire d'avoir été les Auteurs
de tant de malheurs, d'injuſtices,
& d'opreſſions que cette revocation
alloit encore cauſer ; & par l'autre, ils prétendoient rendre beaucoup plus faciles les converſions,
comme ils parloient, qui reſtoient
encore à faire, & affermir celles
qui étoient deja faites, en ôtant des
mains du peuple, tous les livres qui
pouvoient les inſtruire, les forti-
fier, ou les relever.

Enfin, cet Edit revocatif de celui de Nantes fut publié au Sçeau, le
Jeudy 18 Octobre 1685. la Cour
étant à Fontainebleau. On dit que
Monſieur le Tellier alors Chance-
lier de France, témoigna en le Scée-
lant, une joye extreme ; mais cette joye ne dura pas long-tems, car
ce fut la derniere fois qu'il tint le
Sçeau. Dés qu'il fut de retour chez
luy, il s'allitta, & aprés quelques
jours de maladie, il mourut, laiſſant, tant aux Reformez, qu'aux
autres, une matiere à longue reflexions

flexions ſur le ſort des Perſecuteurs,
entre leſquels ſa politique, plûtôt
que ſon inclination, l'avoient jetté
dans ſes dernieres années.

L'Edit fut regîtré au Parlement
de Paris, dans la Chambre des Va-
cations, contre toutes les formes,
le Lundy ſuivant 22 du même mois,
& il le fut inceſſamment dans tous
les autres Parlemens.

Il contient un Préface, & douze
Articles.

Dans la Préface, le Roy expoſe,
que Henry le Grand ſon Ayeul, n'a-
voit donné l'Edit de Nantes, & que
Louïs Tréiziéme ſon Pere, ne l'a-
voit confirmé par ſon autre Edit de
Nîmes, que dans la veuë de travailler plus efficacement à la reünion
de leurs Sujets de la Religion Prétenduë Reformée, à la Religion Catholique, & que c'étoit auſſi le deſſein qu'il avoit eu luy même dés ſon
avenement à la Couronne; qu'il
en avoit été empêché par les guerres qu'il avoit eu à ſoûtenir contre
les ennemis de ſon Etat : Mais qu'il

 pre-

preſent, ayant fait la Treve avec tous les Princes de l'Europe, il s'étoit entierement apliqué à travailler avec ſuccez à cette reünion. Que Dieu luy ayant fait la grace d'y reüſſir, puiſque la meilleure, & la plus grande partie de ſes Sujets de ladite Religion avoient embraſſé la Catholique, ces Edits de Nantes, & Nîmes, & les autres donnez en conſequence, demeuroient entierement inutiles. Par le premier Article, il les ſuprime, & révoque dans toute leur étenduë; & il ordonne que tous les Temples qui ſe trouveront encore dans ſon Royaume, Païs, Terres & Seigneuries de ſon obeïſſance, feront inceſſamment démolis. Par le ſecond, il defend toute ſorte d'aſſemblées pour l'exercice de ladite Religion, ſous pretexte d'Exercices réels, ou de Bailliage. Le troiſiéme defend auſſi l'exercice à tous Seigneurs de quelque condition qu'ils ſoient, ſous peine de confiſcation de corps, & de biens. Le quatriéme bannit de ſon Royaume, &

Terres

Terres de ſon obeïſſance, tous les
Miniſtres, & leur enjoint d'en ſortir dans quinze jours aprés la publication de cét Edit, à peine des Galeres. Dans les cinquieme, & ſixiéme, il promet des recompenſes,
& des avantages, aux Miniſtres qui
voudront ſe convertir, & à leurs
veuves. Dans le ſeptiéme, & hui-
tiéme, il defend l'inſtruction des
enfans dans la Religion Prétendue
Reformée ; & il ordonne que ceux
qui naîtront à l'avenir ſeront Bâ-
tiſez, & élevez dans la Religion
Catholique, enjoignant aux Peres,
& Meres de les envoyer aux Egliſes,
à peine de cinq cens livres d'amende. Le Neûviéme porte un delai de quatre mois, pour ceux qui
ſont déja ſortis du Royaume, afin
d'y revenir ; paſſé lequel tems, leurs
biens ſeront confiſquez.

Le dixiéme, fait defences itera-
tives à tous les Sujets de ladite Religion, de ſortir hors du Royaume, eux, leurs femmes, & leurs enfans, & d'y tranſporter leurs effets,

ſous

fous peine des Galeres pour les hommes, & de confiscation de corps, & de biens pour les femmes. Le onziéme, confirme les Declarations ci-devant données contre les Relaps. Le douziéme declare, que pour ses autres sujets de ladite Religion, ils pourront, en attendant que Dieu les éclaire, demeurer dans les villes de son Royaume, Païs, & Terres de son obeïssance, y continuer leur commerce, & y jouïr de leurs biens, sans pouvoir être troublez ni empêchez, sous pretexte de ladite Religion, à condition de ne point faire d'exercice, ni d'assemblées, sous pretexte de priere, ou de culte, de quelque nature qu'il soit.

Suites de la Cassation de l'Edit de Nantes.

En execution de cét Edit, & le jour méme qu'il fut regîtré, & publié à Paris, on commença la demolition du Temple de Charanton. On fit commandement au plus ancien des Ministres, de sortir de Paris dans vingt-

vingt-quatre heures , & de ſe retirer du Royaume inceſſament. Pour
cét effet, on le mit entre les mains
d'un valet de pied du Roy, avec
ordre de ne le pas quitter, qu'il ne
fût hors des frontieres. Ses Colle-
gues ne furent guere mieux trait-
tez que luy ; on leur donna deux
fois vingt-quatre heures pour ſortir
de Paris, & pour le reſte, on les laiſſa ſur leur bonne foy. Les autres
Miniſtres jouïrent de leurs quinze
jours ; Mais il ne ſe peut dire à
combien de vexations, & de cruautez, ils ſe trouverent expoſez. Premierement, on ne leur permit, ni
de diſpoſer de leurs biens, ni d'em-
porter aucuns de leurs meubles, &
de leurs effets. On leur conteſta
même leurs livres, & les papiers de
leur Cabinet, ſous pretexte, diſoit-
on, qu'ils devoient juſtifier, que
ces livres, & ces papiers, n'avoient
pas apartenu aux Conſiſtoires qu'ils
avoient ſervis ; ce qui étoit les ren-
voyer à l'impoſſible, puis qu'il n'y
avoit plus de Conſiſtoire ſur pied.
D'ailleurs,

D'ailleurs, on ne leur voulut accorder, ni Pere, ni Mere, ni Frere, ni Sœur, ni aucun de leurs parens, quoi qu'il s'en trouvât plufieurs d'imbecilles, de caducs, de pauvres, qui ne pouvoient fubfifter que par leur fecours. On alla jufqu'à leur refufer ceux de leurs propres enfans qui étoient de l'âge de fept ans, & au deffus; On leur en ôta même qui étoient au deffous de fept ans, & qui pendoient encore aux mamelles de leurs Meres. On leur refufa des Nourrices pour les enfans nouveaux nez, que les Meres ne pouvoient nourrir.

En quelques lieux des Frontieres, on en arrêta, & on les emprifonna fous divers pretextes ridicules; tantôt qu'il falloit qu'ils prouvaffent qu'ils étoient effectivement les mêmes perfonnes que portoient leurs Certificats; tantôt qu'il falloit favoir s'il n'y avoit point contr'eux de procez criminels, ou d'informations; tantôt qu'il falloit juftifier qu'ils n'emportoient rien de ce qui avoit

apar-

apartenu à leurs troupeaux. Quel-
ques-fois aprés les avoir ainſi rete-
nus, & amuſez, on leur venoit
dire, que les quinze jours de l'Edit
étoient expirez, & qu'ils n'étoient
plus en liberté de ſe retirer, mais
qu'il falloit aller aux Galeres. Il
n'y a ſorte de chicanne, ni d'iniquité, dont on ne s'aviſât pour les moleſter.

Pour les autres que la force de la
perſecution contraignoit de quitter
leurs maiſons, & leurs biens, & de
s'enfuïr du Royaume, on ne ſauroit
concevoir à combien de perils ils
s'expoſoient. Jamais il n'y eut d'ordres plus ſeveres, & plus exacts que
ceux qui furent donnez contr'eux.
On renouvella les Gardes des ports,
des Villes, des grands chemins,
des paſſages de riviéres ; on couvrit
la campagne de gens de guerre, on
arma même les Païſans pour arrêter
ceux qui paſſeroient, ou pour leur
courre ſus. On deffendit à tous les Bu-
reaux des Doüanes, de laiſſer paſſer les
hardes, les meubles, les marchandiſes,
&

& autres effets. En un mot, on n'oublia rien de tout ce qui pouvoit empêcher la fuite des Perfécutez, jufqu'à interrompre prefque tout commerce avec les Païs Voifins. Par ce moyen ils remplirent bien-tôt toutes les prifons du Royaume ; car la frayeur des Dragons, l'horreur de fe voir forcer en fa confcience, celle de voir enlever fes enfans, & celle d'avoir à vivre deformais dans une terre où il n'y auroit plus pour eux, ni juftice, ni humanité, obligeoit tout le Monde à fonger à la retraite, & à tout abandonner pour fauver leurs perfonnes. Tous ces pauvres prifonniers, ont été depuis traitez avec des rigueurs inouïes, enfoncez dans des cachots, chargez de groffes chaînes, reduits à la faim, privez de tout commerce, hors celuy de leurs Perfécuteurs. Plufieurs ont été jettez dans des Convents, où ils n'ont pas effuyé de moindre cruautez. Il y en a eu d'affez heureux pour mourir au milieu des tourments ; d'autres, ont

enfin

enfin ſuccombé ſous le poids de la tentation ; & quelques autres par un ſecours extraordinaire de la grace de Dieu, la ſoutiennent encore avec un courage heroïque.

Telles ont été à cét égard, les ſuites de ce nouvel Edit. Mais qui n'eut crû qu'au moins l'Article douziéme, devoit mettre à couvert le reſte des Reformez qui voudroient bien encore demeurer dans le Royaume, puiſque cét Article les aſſûre formellement qu'ils y pourront demeurer, y continuer leur commerce, & y joüir de leurs biens, ſans être troublez, ni empêchez ſous pretexte de leur Religion. Cependant voici ce qu'on a fait depuis, & ce qu'on fait encore de ces pauvres malheureux. On n'a point retiré des Provinces les Dragons, & autres gens de guerre qu'on y avoit envoyez avant l'Edit, au contraire, ils y exercent encore aujourd'hui avec plus de fureur, les mêmes excez, & les mêmes inhumanitez, que nous avons cy-deſſus repreſentées.

Outre

Outre cela, on a couvert les Provinces qui n'en avoient pas encore eu, comme la Normandie, la Picardie, la Champagne, le Berri, le Nivernois, l'Orleanois, le Blefois, & l'Ifle de France. Ils y exercent les mêmes violences, & y deployent les mêmes fureurs, que dans les autres Provinces. Paris même, où il fembloit que cét Article de l'Edit, devoit être mieux obfervé, puis qu'on y vit fous les yeux du Roy, & prefque immediatement fous le Gouvernement de la Cour; Paris, dis-je, n'a pas été plus menagé que le refte du Royaume. Le jour même de la publication de l'Edit, fans prendre de plus long delai, Monfieur le Procureur General, & quelques autres Magiftrats, commencerent à envoyer des Billets aux chefs de familles, pour les faire venir dans leurs Hôtels. Là, ils leur declarerent, que l'intention du Roy étoit abfolument, qu'ils changeaffent de Religion; qu'ils n'étoient pas de meilleure condition que fes

autres

autres ſujets ; & que s'ils ne le faiſoient de gré, le Roy ſe ſerviroit des moyens qu'il avoit en
main, pour les y contraindre. En
même tems on relegua par des Lettres de Cachet, ceux des Anciens
du Conſiſtoire, & quelques autres
en qui l'on trouva plus de fermeté ;
& pour les diſperſer, on choiſit les
lieux les plus écartez du commerce, où l'on n'a pas laiſſé depuis
de les traiter avec beaucoup de
cruauté. Les uns ont ployé, & les
autres ſont encore dans les ſouffran-
ces.

Les ſoins du Procureur General,
& des Magiſtrats, ne reüſſiſant pas
tout à fait comme ils deſiroient,
quoi que les menaces, & les épou-
vantements, n'y fuſſent pas épargnez, Monſieur de Seignelay Secretaire d'Etat, lequel à Paris, dans
ſon Département, voulut auſſi s'en
mêler. Pour cét effet, il fit aſſembler dans ſon Hôtel, environ cent,
ou ſix-vingts Marchands & autres,
& aprés en avoir fait fermer les por-

tes, il leur prefenta d'abord un Acte
d'abjuration, & leur ordonna de la
part du Roy, de le figner fur le
champ, leur declarant qu'ils ne for-
tiroient point qu'aprés avoir obeï.
Cét Acte portoit, non feulement
qu'ils renonçoient aux Herefies de
Calvin, & qu'ils fe rangeoient à
l'Eglife Catholique ; mais encore
qu'ils le faifoient de leur bon gré,
& fans y être forcez, ni contraints.
Cela fe paffoit le bâton haut, &
avec un grand air d'authorité. Il y
en eut pourtant quelques-uns qui
oferent ouvrir la bouche, mais on
leur repliqua fierement, qu'il ne
s'agiffoit point de contefter, &
qu'il falloit obeïr ; de forte qu'a-
vant que de fortir, tout figna. A
ces voyes, on en ajoûta d'autres plus
terribles, qui furent les prifons, la
faifie réelle des Effets, & des papiers, l'enlevement des enfans, la
feparation des maris, & des femmes ;
& enfin le grand moyen, c'eft à
dire, les gens de guerre, & les gar-
nifons. On envoya à la Baftile, &

au

au Fort l'Evêque les plus fermes, en qui l'on trouvoit plus de reſiſtance; on fit ſéeler dans leurs maiſons, & dans celles de ceux qui s'étoient cachez, qu'on ne pouvoit pas découvrir, on fit fourrager celles de pluſieurs autres; & on s'en prit à leurs perſonnes, ne plus ne moins qu'on avoit fait ailleurs. Ainſi cét Article douziéme de l'Edit, qui promettoit quelque adouciſſement, & quelqu'ombre de liberté, n'a été qu'une inſigne fourberie, pour amuſer les plus credules, & pour les empêcher de ſonger à ſe retirer, un piege pour les attraper avec plus de facilité. La fureur a eû toujours ſon cours, & elle s'eſt échauffée à un tel degré, que ne ſe contentant pas des deſolations du Royaume, elle a paſſé juſques dans Orange, Principauté Souveraine, où le Roy n'a, de droit, aucun pouvoir. Il en a fait enlever les Miniſtres, qu'il a traduits dans ſes priſons. Il y a envoyé des Dragons qui y ont commis toute ſorte de méchanceté; &

I 2

qui

qui de vive force en ont contraint
les habitans, tant hommes que femmes, & enfans, & les Officiers même
du Prince, à changer de Religion.

Voilà l'état où l'année derniere
1685. en finiſſant, a laiſſé les choſes ; c'eſt là l'accompliſſement de la
menace que le Clergé nous fit, il y a
trois ans, ſur la fin de ſa prétenduë
Lettre Paſtorale, *Vous devez vous*
attendre à des malheurs incomparable-
ment plus épouvantables & plus funeſtes
que tous ceux que vous ont attirez juſ-
qu'à preſent vôtre revolte, & vôtre
ſchiſme Ils s'en ſont aſſez bien ac-
quittez. Il y a encore dans le Royaume quelques reſtes qui tiennent
bon, & l'on y continuë à leur égard,
les mêmes perſecutions. On en in-
vente tous les jours contre ceux là
même que la force a fait changer,
parce qu'on voit bien qu'ils gemiſſent, & qu'ils ſoûpirent ſous la dure ſervitude où ils ſe trouvent, &
que leur cœur deteſte, ce que leur
bouche a proferé, ou que leur main
a ſigné. Pour les Réchapez qui ne
ſont

sont pas en si petit nombre dans les païs voisins, qu'ils n'aillent déja au delà de cent cinquante milles personnes, on ne les traite pas avec plus de ménagement, puis qu'on confisque leurs biens, qui est aparemment tout le mal qu'on leur peut faire quand à present ; Je dis quant à present, car il ne faut pas douter que les Persecuteurs ne songent à pousser ces affaires-ci plus loin. Mais il faut esperer de la bonté de Dieu, que quelque intention qu'ils ayent, d'aneantir la Religion Protestante en tous lieux, il ne permettra pas qu'ils reüssissent dans ce dessein. On ouvrira, enfin les yeux ; & ceci-même qu'ils viennent d'executer avec tant de hauteur, & de barbarie, fera connoître, non seulement aux Protestans, mais aussi aux Catholiques sages, équitables, & circonspects ; ce qu'ils devoient attendre, les uns, & les autres, de telles gens.

En effet, si l'on veut se donner la peine de faire Reflexion sur les

Reflexions sur toutes ces cruelles persecutions.

faits, que nous venons de raporter, & qui font conftans, & publics, on n'y verra pas feulement les Proteftans opprimez ; mais on y verra la dignité du Roy profanée, fon état offencé, tous les Princes de l'Univers intereffez ; & le Pape même avec fon Eglife, & fon Clergé, honteufement diffamez.

Premiere Refl.xion.

Car pour commencer par le Roy luy même, que pouvoit-on faire de plus injurieux à fa dignité, que de luy perfuader qu'il pouvoit, de droit, & en bonne confcience, violer par mille contraventions ; & enfin caffer & revoquer un Edit auffi folennel, & auffi inviolable que celui de Nantes? Cét Edit qui fut donné par Henri le Grand, l'an 1598. a quatre caracteres inconftables, qui fe juftifient par le texte même. 1 Celui d'être une promeffe Royale, & Souveraine, qu'il donne, non fimplement pour luy,

&

& pour le tems de ſon Regne, mais auſſi pour tous ces deſcendans, & ſucceſſeurs à perpetuité. 2. Celui d'être un Arrêt autentique, definitif, & irrevocable, prononcé par le Souverain Magiſtrat, pour ſervir à jamais de Réglement,& de Loy,entre deux partis opoſez, les Catholiques, & ceux de la Religion, aprés les avoir deuëment, & ſuffiſamment entendus. 3. Celui d'être un Traité accepté, convenu, & conſenti par tout l'Etat, en cette qualité de Loy, & de Réglement perpétuel. 4. Celui d'avoir été rendu ſacré, & comme divin, par le ſerment reciproque de tout le Royaume.

Je dis que ces quatre Caractéres ſont inconſtables, & qu'ils ſe juſtifient par le texte même de l'Edit. Le premier paroît manifeſtement dans la Preface, où le Roy aprés avoir exorté ſes Sujets *à bien comprendre, qu'en l'obſervation de cette Loy, conſiſte le principal fondement de leur union, & concorde, tranquillité & repos, & du rétabliſſement de l'Etat en*

ſa

ſa premiere ſplendeur , opulence , & di-
gnité ; il ajoûte, *Comme de nôtre part*
nous promettons de la faire exaƈtement
obſerver , ſans ſouffrir qu'il y ſoit au-
cunement contrevenu. Enſuite de quoi,
pour montrer qu'il entendoit que ſa
promeſſe engagât ſes deſcendans &
ſucceſſeurs; Il declare qu'il l'a donné comme un *Edit perpetuel & irevo-*
cable. Et aprés en avoir expoſé les
Articles, il le conclut en ces termes, *Declarons par exprés , que nous*
voulons que cetui nôtre Edit , ſoit ferme
& inviolable, gardé & obſervé , tant
par nos Juſticiers, Officiers qu'autres
Sujets , ſans s'arrêter ni avoir aucun
égard à tout ce qui pourroit être contrai-
re , ou derogeant à icelui.

Auſſi Louïs XIII. le regarda-t-il
dés ſon avenement à la Couronne,
comme une Loy, à l'obſervation de
laquelle il ſe trouvoit engagé; re-
connoiſſant par ſa Declaration; que
c'étoit *un Edit perpetuel & irrevocable,*
& qui n'avoit pas beſoin d'être confirmé.
Le Roy à preſent regnant, en avoit
fait de même en diverſes occaſions.

C'eſt

C'eſt donc une promeſſe, ou une parole Royale de Henri le Grand, non ſimplement pour luy, mais encore pour ſa poſterité ; d'où il s'enſuit, que c'eſt une condition annexée à ſon Heritage, & à ſa Couronne, & qui ne peut s'en ſeparer.

Le ſecond caractére n'eſt pas moins certain, ni moins évident que le prémier. Il paroît par la Préface de l'Edit, où le Roy déclare qu'il ne donne cette Loy, qu'aprés avoir d'un côté, *repris les Cayers des plaintes de ſes Sujets Catholiques, &* avoir de l'autre, *permis à ſes Sujets de la Religion Pretenduë Reformée, de s'aſſembler par Deputez, pour dreſſer les leurs, & mettre enſemble toutes leur Remontrances ; & ſur ſe fait, conferer avec eux par diverſes fois.* Ajoutant, *qu'il avoit jugé neceſſaire de donner maintenant ſur le tout, à tous ſeſdits Sujets, une Loy générale, claire, nette, & abſoluë, par laquelle ils ſoient reglez ſur tous les differens qui étoient cy-devant, ſur ce, ſurvenus entr'eux, & qui y pourroient encore ſurvenir cy-aprés.*

C'eſt

C'eſt donc un *Jugement* rendu parties ouïes , & un *Reglement* , tant
pour compoſer les differens paſſez,
que pour terminer ceux qui pourroient arriver à l'avenir ; & par
conſequent , c'eſt un *Edit perpetuel
& irrevocable* , comme il le qualifie
luy même , non en tître ſeulement,
& par une maniére de s'exprimer
ordinaire aux Roys, mais réelle-
ment & par la nature de la choſe
même. Auſſi declare-t-il , qu'il le
donne , *Aprés avoir , avec l'avis des
Princes de ſon Sang, autres Princes, &
Officiers de la Couronne , & autres
Grands , & Notables Perſonnages de
ſon Conſeil d'Etat , étans prés de luy,
bien & diligemment pezé , & conſideré
toute cette affaire.*

Pour le troiſiéme caraĉtére , on
n'en ſauroit demander de meilleure
preuve , que l'enregîtrement qui
fut fait de cét Edit , dans toutes les
Cours de Parlement du Royaume,
dans les Chambres des Comptes,
dans les Cours des Aides , dans les
Bailliages , Senechauſſées , Prévô-
tez,

tez, & autres Jurifdictions, felon qu'il étoit porté par le dernier Article. Le Parlement de Paris, & celuy de Touloufe, y firent d'abord quelque difficulté ; mais ces difficultez n'eurent nulle fuite, & il n'y eut aucune opofition, ni de la part du Clergé, ni de la part du Corps des Catholiques.

L'execution au contraire s'en fit avec un plein, & entier confentement de tout l'Etat, comme le reconnoît ce Bernard, Confeiller à Beſiers, dont nous avons parlé cy-deſſus, dans fon Explication de l'Edit de Nantes ; *Aprés la publication de cét Edit*, dit-il, *le Roy envoya des Commiſſaires dans les Provinces de fon Royaume, pour l'executer, & pour retablir fa Religion par tout où elle avoit ceſſé. Mais nous ne voyons pas par les Procez verbaux de ces Commiſſaires, qu'ils ayent rien fait de confiderable, ni qu'il y ait eu des conteſtations formées par devant eux, pour raifon des Exercices, & des autres chofes importantes ; foit qu'ils l'ayent fait de la forte pour ne pas renouveller les differens qui venoient d'être terminez, & pour ne pas ralumer la chaleur qui étoit apaisée ; soit que l'Exercice de la Religion Catholique ayant été empêché durant long-tems en plusieurs lieux, ils se soient contentez de le rétablir par tout.*

Pour ce qui regarde le quatriéme caractere, il ne faut que lire l'Article 92. où le Roy ordonne en propres termes, *Que l'observation de son Edit sera juré par tous les Gouverneurs, & Lieutenants Generaux des Provinces, par les Baillifs, Sénéchaux, & autres Juges ordinaires, par les Maires, Echevins, Capitouls, Consuls, & Jurats des Villes, annuels, & perpetuels, par les principaux habitans des Villes, tant de l'une que de l'autre Religion ; & enfin par les Cours de Parlement, par les Chambres des Comtes, & par les Cours des Aides.* Ce qui fut ponctuellement executé.

Un seul de ses caractéres, quand il feroit separé des autres, suffiroit pour mettre l'Edit au dessus du caprice, & de la mobilité du bon plaisir.

plaiſir. Car qui doute qu'un Roy ne ſoit obligé à garder ſa parole & ſa foy, & la foy de ſes Predeceſſeurs, lors qu'elle eſt devenuë une condition inſéparablement attachée à la Succeſ- ſion, comme elle l'eſt ſans doute ſi elle a été donnée ſous la qualité de pro- meſſe autentique, perpetuelle, & irrevocable; il ne ſerviroit de rien de dire qu'un Roy ne peut s'obliger envers ſes Sujets, & que cela reſiſte à la Souveraineté. Car ſans entrer dans la diſcution de ce principe qui nous meneroit trop loin, ſi nous voulions l'examiner avec aplication; je dis que ſi les promeſſes autenti- ques des Roys, ne les obligent pas envers leurs Sujets, elles les obli- gent au moins envers eux mêmes. Un Roy n'eſt pas de meilleure con- dition que Dieu; Or quoy que Dieu ſoit infiniment élevé au deſſus de ſa Créature, tous les Theologiens conviennent neanmoins, que ſa promeſſe l'engage tellement envers luy même, qu'elle eſt inviolable; à cauſe dequoi l'Ecriture nous parle ſi ſouvent de ſa *fidelité* & de ſa *veri-té*, dans l'accompliſſement des clau-ſes de ſon alliance avec nous. Qui doute qu'un Roy ne ſoit obligé à obſerver, & à faire obſerver invio-lablement ce que la Juſtice luy a fait ſtatuer entre ſes Sujets, pour regler leurs differens par la voye de la raiſon, & pour les garentir les uns les autres d'une mutuelle op-preſſion ? Combien plus le doit-il, lors que ſes Sujets de part, & d'au-tre, en ſont tombez d'accord ; & que la Loy qu'il a faite entr'eux, eſt devenuë une foy publique de tout ſon Etat ? Et combien plus encore, lors que cette Alliance, ou ce Traité a été juré reciproquement par tout un Royaume ; & que par ce moyen on en a rendu Dieu luy même le Depoſitaire, & le vangeur ? Com-ment donc ſe peut-il que ces mau-vais Conſeillers ayant taché de per-ſuader au Roy qu'il devoit franchir toutes ces barrieres de la juſtice, de la fidelité, & de la conſcience ; & que ſans avoir egard, ni à Dieu, ni à l'état, ni à

luy

luy même, il ne devoit tirer les meſures de cette affaire, que de la ſeule force qu'il avoit en main ?

Pour couvrir en quelque maniere la violence de ce procedé, ils luy font dire dans ce nouvel Edit, Que la meilleure, & la plus grande partie de ſes Sujets de la Religion Pretendue Reformée ont embraſſé la Catholique ; & qu'au moyen de ce, l'execution de l'Edit de Nantes, & de tout ce qui a été ordonné en faveur de ladite Religion, demeure inutile. Mais n'eſt-ce pas une illuſion indigne de ſa Majeſté, puis que ſi cette meilleure, & plus grande partie de ſes Sujets de la Religion, ont embraſſé la Catholique, ils ne l'ont fait que par la force de ſes armes, & par la cruelle, & furieuſe opreſſion que ſes propes troupes leur ont faite ? Peut-être pourroit-on parler ainſi, ſi ſes Sujets avoient changé de Religion de leur bon gré, quoi qu'encore en ce cas, les droits de l'Edit ſubſiſteroient pour ceux qui reſtent. Mais aprés les avoir

con-

contraints à changer, par les horribles inhumanitez de ſes Dragons ; aprés leur avoir ravi la liberté que l'Edit leur donnoit, dire froidement, *qu'il ne revoque l'Edit, que parce qu'il demeure inutile,* c'eſt une raillerie qui n'a point de proportion avec la dignité d'un ſi grand Roy ; Car c'eſt autant que s'il diſoit, qu'à la verité il étoit obligé de conſerver à ſes Sujets de la Religion, tous les droits qui leur appartenoient ; mais que les ayant luy même détruits, & conſumez par une force majeure, il ſe ſent à preſent bien & legitimement dégagé de cette obligation. A peu prés comme ſi un Pere qui auroit égorgé luy même de ſes mains, ſes propres enfans, ſe glorifioit d'être quitte deſormais du ſoin de les nourrir, & de les defendre. Eſt-ce ainſi que les Roys ont accoutumé de parler dans leurs Edits ?

Ce qu'ils luy font encore dire, que Henri le Grand, ſon Ayeul de glorieuſe memoire, n'avoit donné l'E-

dit

dit de Nantes, à ceux de la Religion Pretendue Reformée, qu'afin d'être plus en état de travailler à les reünir à l'Egliſe Romaine ; que Louïs XIII. auſſi ſon Pere de glorieuſe memoire, avoit eu le même deſſein quand il donna l'Edit de Nîmes ; & que luy même y étoit entré dés ſon avenement à la Couronne, n'eſt pas d'une meilleure trempe. Supoſons, puis qu'ils le veulent, la verité de ce diſcours, & prenons le ſimplement & à la lettre, dans le ſens qu'ils nous le donnent ; qu'eſt-ce que nous en pourrons conclure, que les propoſitions ſuivantes ? Que Henri le Grand & Louïs XIII. n'ont donné leurs Edits à nos Peres, que pour les tromper, & dans la veuë de les ruïner enſuite avec plus de facilité à la faveur de cette tromperie. Que n'ayant pû pourtant les ruïner à cauſe de leurs autres occupations, ils ont confié cét important ſecret au Roy d'aujourd'hui, afin qu'il l'executât quand il en trouveroit l'occaſion. Que le

 Roy

Roy d'aujourd'hui étant entré dans cette penſée dés qu'il fut appellé à la Couronne, il n'a confirmé les Edits, ni donné ſes Declarations, de 1643. & de 1652. avec beaucoup d'autres Diſpoſitions, & Arrêts avantageux aux Reformez, que pour les abuſer plus finement, & pour leur tendre des pieges, ou ſi vous voulez pour les Couronner comme on Couronne les Victimes, lors qu'on les a deſtinées au Sacrifice. Que tout ce qui s'eſt fait contr'eux depuis la Paix des Pirenées, juſqu'à preſent, ſelon l'Abregé que nous venons d'en faire, n'a été que l'execution d'un projet, mais d'un projet beaucoup plus ancien que nous ne nous l'étions imaginé, puis qu'il le faut prendre dés l'Edit de Nantes même, & remonter juſqu'à Henri le Grand. Enfin, que ce qui avoit été juſqu'à préſent un grand, & profond myſtere, ne l'eſt plus maintenant, puiſque le Roy par ce nouvel Edit, en veut faire toute la terre participante, afin qu'on l'en felicite.   Ne

Ne faut-il pas avoüer que ſi les ennemis de la France avoient entrepris
de décrier la conduite de ſes Roys,
& de les rendre odieux à tout l'U-
nivers, ils n'y pourroient pas mieux
reüſſir ? Henri le Grand donne aux
Reformez ſon Edit, avec tout l'ap-
pareil que nous avons vû, il le leur
donne comme une recompenſe de
leurs ſervices, il leur en promet
ſolennellement l'obſervation ; pour
une plus grande confiance, il y fait
intervenir la foy de l'Etat; il ne ſe
contente pas de cela il y apelle la
Religion du ſerment, il l'execute le
plus favorablement pour eux, qu'il
luy étoit poſſible ; il les en fait pai-
ſiblement joüir juſqu'à ſa fin. Mais
tout cela n'eſt qu'un leurre pour les
attraper, & pour les faire Dragon-
ner quend le tems en ſeroit venu ;
& parce qu'érant ſurpris par la mort,
il ne le peut faire, il en laiſſe la
commiſſion à Loüis XIII. ſon fils.
Loüis XIII. monté ſur le Trône,
fait d'abord ſa Declaration, qu'il
reconnoît l'Edit de Nantes, comme
per-

perpetuel, & irrevocable, n'ayant pas besoin d'être confirmé; & qu'il le veut religieusement obferver dans tous fes points. Il envoye des Commiffaires par tout fon Royaume pour achever de le mettre en execution. Quand il prend les armes, il protefte qu'il n'en veut point à la Religion; & en effet il la laiffe en fa pleine liberté, dans les villes même qu'il prend d'affaut; il donne fon Edit de Nîmes, comme l'Edit d'un Roy triomphant; & neanmoins il y déclare qu'il entend que celuy de Nantes foit entierement gardé, & il le fait garder jufqu'à fa mort. Mais tout cela n'a pour but que de les endormir, & d'attendre une occafion favorable pour les dévorer.

Louïs XIV. à fon avenement à la Couronne, confirme l'Edit, & declare qu'il maintiendra les Reformez dans tous leurs Privileges. Il témoigne enfuite par une autre Declaration, la fatisfaction qu'il a de leurs fervices, & le deffein où il eft, de les faire jouïr de leurs droits.

Mais

Mais tout cela n'eſt encore qu'un jeu, & un artifice, pour les enlacer, & pour mieux couvrir le projet de les ruïner quand il le pourra. Qu'elle idée ces gens-là donnent-ils dés Roys de France aux Nations Etrangeres, & qu'elle confiance veulent-ils qu'on prenne deformais, en leurs promeſſes, & en leurs Traitez ? Car s'ils agiſſent de cette ſorte avec leurs propres ſujets, s'ils ne les careſſent que pour les étouffer, que doivent eſperer d'eux les Etrangers ?

Arrêtons nous encore un moment ſur ce qu'ils font dire au Roy, que dés ſon avenement à la Couronne il étoit entré dans le deſſein qu'il vient d'executer à preſent. Ils veulent dire ſans doute, dés qu'il prit actuellement les rênes du Gouvernement du Royaume ; car avant cela il étoit encore trop jeune pour entrer perſonnellement dans aucun deſſein de cette étenduë. Il y entra donc préciſément dans le tems qu'on ſortoit des guerres civiles de ſa Minorité.

norité. Mais qu'eſt-ce que cela veut
dire, ſi ce n'eſt qu'il y entra dans
le tems même que ceux de la Religion venoient de lui rendre le plus
important ſervice que des Sujets
peuvent rendre à leur Roy ? Ils venoient de luy garder une fidelité inviolable, lors que la plûpart de ſes
autres Sujets s'étoient ſoulevez contre luy, ils s'étoient oppoſez aux pro-
grez de ſes ennemis, ils avoient re-
jetté les offres avantageuſes qu'on
leur faiſoit, ils luy avoient conſervé
des Villes, & des Provinces entieres, receu ſes ſerviteurs, & ſes Officiers dans leur ſein, quand ils ne
trouvoient de ſûreté nulle part, ſa-
crifié pour luy leurs biens, leur vies,
& leurs fortunes ; & en un mot, fait
avec un zele exemplaire, tout ce
que de bons ſujets pouvoient faire
dans une rencontre auſſi orageuſe
que l'étoit celle dont il s'agit. Et
c'eſt dans ce même tems que le Roy
entre dans le deſſein de les perdre,
& de les exterminer. Cela confirme aſſez violemment la verité de ce
que

que nous avons dit au commencement de ce diſcours, que le projet
de leur deſtruction, fut fondé ſur
les ſervices qu'ils avoient rendus au
Roy.

Mais n'eſt-ce pas une choſe aſſez
étonnante qu'on ait bien voulu nous
aprendre cét important ſecret, &
l'aprendre à toute l'Europe ; car
quoi que les Reformez n'ayent fait
dans cette occaſion que leur devoir,
on ne ſe fût pourtant pas imaginé,
que leur devoir eût été converti en
crime, & que leur ruïne leur fût
veruë, d'où leur devoit venir leur
ſeureté. Dieu a fait ſortir la lumiere des tenebres, mais la Politique
de France fait au contraire ſortir
les tenebres de la lumiere. Quoy
qu'il en ſoit, on ne peut pas de-
ſavoüer que dans ce nouvel Edit, on
ne faſſe dire au Roy, qu'il eſt entré
dans le deſſein de détruire le parti
des Reformez, dans le tems même
qu'ils s'étoient ſignalez, & diſtin-
guez avec beaucoup de ſuccez pour
les interéts de ſa Couronne ; ce qui
fournira

fournira peut-être de la matiere aux reflexions des sages, tant dedans que dehors le Royaume, & leur fera voir de quel usage sont les services, & ce qu'il en faut attendre.

Mais laissons là les termes du nouvel Edit, & considerons la chose en elle même. Y-eut-il jamais un traitement plus dur, que celuy qu'on nous a fait souffrir durant l'espace de plus de vingt-années, qu'on a employées pour preparer la derniere tempête qui nous a enfin engloutis ? C'a été une grêle continuelle d'Arrêts, d'Edits, de Declarations, de condamnations d'Eglises, de démolitions de Temples, de Procés Civils, de Procés Criminels, d'emprisonnemens, de bannissemens, d'amendes honorables, d'amendes pecuniaires, de destitutions de Charges, de privations d'Emplois, d'enlevemens d'enfans, & de toutes ces persecutions que nous avons cy-dessus sommairement exposées. On nous disoit d'une part, que le Roy nous vouloit garder l'Edit de Nantes,

tes , il s'en expliquoit luy-même ainſi en diverſes occaſions ; & d'autre part on nous faiſoit ſouffrir mille, & mille maux en nos biens , en nos honneurs , en nos perſonnes , en nos familles , en nôtre Religion, en nos conſciences , le tout par des voyes injuſtes , obliques , chicaneuſes , par des inventions inouïes par des faux témoignages , par des oppreſſions , & des vexations ouvertes ; quelquefois par des pratiques ſourdes , & le tout encore ſous le voile de l'autorité du Roy , & parce que tel étoit ſon bon plaiſir. Nous n'ignorons pas qu'elle eſt l'autorité des Roys , ni avec quel reſpect , & quelle ſoumiſſion il faut recevoir leurs ordres. Auſſi a-t-on vû pendant tous ces traitemens, une patience , & une obeïſſance ſi profonde, qu'elle a été en admiration aux Catholiques mêmes nos Compatriotes. Mais il faut avoüer que ceux qui ont pouſſé ſa Majeſté à tenir cette conduite envers noũs, ou qui ſe ſont ſervis pour cela de ſon

nom, & de son pouvoir, ne pouvoient pas l'outrager plus cruellement qu'ils ont fait. Car aprés tout
les Roys qui veulent se faire estimer
par la justice, & par l'équité, ne
gouvernent point de cette maniére
leurs Sujets. Ils ne songent point à
mettre tout dans l'incertitude, ni à
remplir tout de douleur, & d'é-
pouvantement. Ils ne cherchent
point leur joye dans les larmes, &
dans les gemissemens des innocens,
ni ne se plaisent à tenir leurs peuples
dans une perpetuelle agitation, &
à ne leur laisser qu'une vie précaire
pour en jouïr de jour à jour. Ils
n'aiment point à ne faire entendre
leur nom qu'en tremblant, ni ne
pensent à des desseins d'extermina-
tion contre des Sujets qui vivent sa-
gement, & qui ne leur ont rien
fait que du bien. Beaucoup moins
se mettent-ils dans l'esprit de suivre
ces desseins pied à pied durant un
long-tems, à la maniere des mines,
& de les cacher sous des faux-sem-
blans, & sous des Déclarations contraires,

traires, lrs même qu'ils s'avancent le plus, & qu'ils ne ſont pas loin d'éclater.

Il y a dans toute la conduite de cette affaire, trois choſes qui ſont fort dignes d'être remarquées. La premiere eſt, que tant que l'on n'a été que dans les acheminemens, les veritables Auteurs de la perſecution ne ſe ſont point cachez, mais autant qu'ils l'ont pû ils ont fait cacher le Roy. Il eſt vray que les Arrêts, Edits, & Declarations, & telles autres choſes ſe faiſoient ſoûs le nom de ſa Majeſté, mais elles ſe faiſoient à la Requête des Agens, & des Sindics du Clergé, & pendant qu'ils faiſoient leurs pourſuites; le Roy même perſonnellement diſoit, qu'il vouloit maintenir l'Edit, & que ce n'étoit que des contraventions qu'il corrigeoit.

La Seconde eſt, que quand ils ſont venus aux dernieres extremitez, & à la force ouverte, alors ils ſe ſont cachez autant qu'ils l'ont pû, & ils ont fait paroître le Roy

 dans

dans toute son étenduë. On n'a entendu que ces sortes de discours, *Le Roy le veut*, *le Roy en fait son affaire*, *le Roy va plus loin que le Clergé ne souhaiteroit.* Par ces deux moyens, ils ont eu l'adresse de ne s'attribüer de cette persecution, que la partie la moins forte, & la moins violente, & de charger de la plus éclatante, & de la plus odieuse, la personne même du Roy. La troisiéme chose qu'il faut remarquer est, que pour mieux parvenir à leurs fins, ils ont toûjours tâché de persuader au Roy, que cét ouvrage étoit le plus haut degré de sa gloire; ce qui est un abus manifeste de l'attention qu'il leur a donnée. Abus d'autant plus digne de châtiment, qu'ils ne vouloient pas eux-mêmes qu'on les crût les Auteurs de ce conseil; & que quand on leur demande encore aujourd'hui, à chacun en particulier, ce qu'ils en pensent, il y en a peu qui ne le condamnent.

En effét, quelle plus fausse idée pou-

pouvoient-ils donner au Roy de ſa
gloire, que de la faire conſiſter à
ſurprendre un pauvre peuple répandu par tout ſon Royaume, ſans
defenſe & ſans apui, qui y vit con-
fidemment à l'ombre de ce qui luy
reſte de l'Edit de Nantes ; & qui ne
peut s'imaginer qu'on ſonge à luy
ravir la liberté de ſa conſcience, à
le ſurprendre, dis-je, & à l'inon-
der preſqu'en un inſtant, d'une puiſ-
ſante armée, à la diſcretion de laquelle on le livre, & qui luy va dire qu'il faut, ou de gré, ou de force, qu'il ſe faſſe Catholique ; que
c'eſt l'ordre, & la volonté du Roy ?
Quelle plus fauſſe idée de gloire
pouvoient-ils luy donner, que celle de ſe mettre en la place de Dieu,
& même plus haut que Dieu, en
voulant que la foy, & la Religion
des hommes dépendent de ſon
autorité ; & que déformais on diſe
dans ſon Royaume, non, Je croi
parce que je ſuis perſuadé, mais, je
croi, parce que le Roy le veut,
quoi que Dieu me diſe le contraire ;

ce

ce qui eft proprement dire , Je ne croi rien , & je ferois Juif, Mahometant, Athée, fi le Roy me le commandoit ? Quelle plus fauffe idée de gloire, que de la faire confifter à arracher de la bouche de fes Sujets, par la violence, & par la longueur des tourmens, une profeffion que leur cœur abhorre, & fur laquelle ils foûpirent jour, & nuit, & crient en eux-mêmes mifericorde à Dieu ? Quelle gloire d'inventer de nouvelles manieres de perfecutions, inconnuës aux Siécles précedens; perfecutions qui ne font pas mourir, mais qui confervent la vie pour faire plus longtems fouffrir, & pour avoir lieu de vaincre la conftance, par des cruaütez qui font au deffus des forces humaines ? Quelle gloire, de ne pas fe contenter de forcer ceux qui demeurent dans fon Royaume , mais de leur defendre d'en fortir, & de les tenir fous une double fervitude, celle de l'ame , & celle du corps ? Quelle gloire d'avoir fes prifons
pleines

pleines d'innocens, à qui on n'im-
pute d'autre crime, que celui d'a-
voir voulu preferer leur Dieu &
leur ſalut, à la rage des Dragons;
& ſur cela, de les condamner aux
Galéres, ou à des confiſcations de
corps, & de biens ?

Quelle idée de gloire, que de là
mettre à abuſer de ſon pouvoir, &
à lui faire violer ſans raiſon, &
ſans pretexte, ſa propre parole, &
ſa foy Royale, qu'il avoit luy même ſi ſolennellement donnée, & ſi
ſouvent reconnüe, & cela parce
qu'il le peut faire impunement, &
qu'il a à faire à de pauvres brebis
innocentes, qu'il tient ſous ſa main,
& qui n'en peuvent échaper ? Cependant c'eſt cela même que le
Clergé, par la bouche de Monſieur
de Valence, apelle une grandeur,
& une gloire qui éleve Loüis XIV.
au deſſus de tous les autres Roys, au
deſſus de ces Predeceſſeurs, au deſſus même du tems, & qui le con-
ſacre pour l'éternité. C'eſt ce que
Monſieur de Varillas apelle, *des tra-*
vaux

vaux plus grands, & plus incroyables, sans comparaison, que ceux de l'Hercule de la Fable. C'est ce que Monsieur Maimbourg apelle *une action heroïque. L'Action,* dit-il, *heroïque que le Roy vient de faire, en defendant par son nouvel Edit d'Octobre, l'exercice public de la fausse Religion des Calvinistes, & ordonnant que tous leurs Temples soient incessamment demolis.* Lâches & indignes flateurs, faut-il qu'on se laisse aveugler de la fumée de vôtre encens ?

Nous ferions bien marris de dire rien d'exageré, ni qui pût choquer le respect que nous devons avoir pour un si grand Roy : Mais nous ne croyons pas que ce soit manquer à ce respect, que de representer ici simplement combien ces infidelles Conseillers, & ces odieux parasites ont interessé sa veritable gloire, dans les tristes malheurs où ils nous ont plongez, & de combien de crimes ils se sont rendus coupables envers luy même.

Ils n'en ont pas moins commis
contre

contre l'Etat de France, dont ils ſont les Membres, & pour lequel ils devoient au moins avoir de la conſidération. Nous ne parlerons pas ici de ce grand nombre de perſonnes de tout âge, & de toute condition, qu'ils en ont retranchez par leur eſprit de feu, quoi que peut-être la perte n'en eſt pas ſi peu importante qu'on ſe le pourroit imaginer. Il eſt certain que la France eſt un Royaume fort peuplé ; mais quand l'accez de cette fievre ſera paſſé, & qu'elle aura le loiſir de ſe reconnoître, elle verra peut-être avec quelque regret, les conſequences de cette diminution. Car il n'eſt pas poſſible que tant de gens de bien, tant de familles entieres, tant de perſonnes qui ſe diſtinguoient dans les Arts, dans les Sciences, dans les Armes, & dans toutes ſortes de profeſſions, ſoient ſortis du Royaume ſans qu'il y paroiſſe un jour. A preſent qu'on ſe rejouït de leurs dépouïlles, qu'on pille leurs maiſons, & qu'on ſe met

en

en poffeffion de leurs Terres, on ne
fent pas tout à fait ce dommage, il
eft recompenfé par le butin, & par
le foulagement qu'on trouve à faire
fubfifter les gens de guerre par ce
pillage ; mais il n'en fera pas toûjours de même. Nous ne parlons
pas auffi, de cette interruption prefque générale du commerce que ces
échauffez Perfecuteurs ont caufée
dans les principales villes de l'Etat,
quoi que ce ne foit pas un mal me-
diocre. Les Proteftans faifoient une
bonne partie du negóce, tant dans
le Royaume, qu'avec les Païs E-
trangers ; & ils étoient en cela fi
mêlez avec les Catholiques Romains,
que leurs affaires étoient comme in-
féparables. Ils agiffoient les uns,
& les autres en commun, lors que
ces oppreffions font venuës. Quels
bouleverfemens n'ont-elles pas ap-
porté ; combien de mefures rom-
puës, de deffeins avortez, de Manufactures ruïnées, de banqueroû-
tes arrivées, & de pauvres familles
reduites à la mendicité ? C'eft ce

dont

dont les opreſſeurs ne ſe mettent guere en peine, car ils ont leur pain gaigné, ils vivent graſſement; & pendant que les autres meurent de faim, leurs revenus ſont aſſeu‑ rez. Mais ils ne ſe peut que le corps de l'Etat n'en ſouffre, un ébranlement tel que celui-ci ne ſe fait point ſans un préjudice notable à l'Oeconomie publique; & l'on peut dire avec verité, que quatre guerres civiles n'auroient pas pro‑ duit tant de mal, qu'on en verra naître de cette Perſecution.

Mais laiſſons au tems à mani‑ feſter ces ſuites, & diſons ſeule‑ ment ici que l'Edit de Nantes étant devenu une Loy fondamentale du Royaume, & un concordat entre les deux partis, par l'acceptation reciproque qui en fut faite ſous le regne paiſible de Henri le Grand, par la foy publique, & par le ſer‑ ment mutuel, comme nous l'avons vû; il eſt d'un fort mauvais exem‑ ple pour l'interêt de l'Etat, qu'a‑ prés y avoir fait mille contraven‑ tions,

tions, il foit enfin revoqué, caffé, &
annulé, par la paffion d'une cabale qui
abufe de fon credit ; & qui par cela
même fe rend capable de tout entreprendre, & de tout exécuter. Aprés
cette caffation, qu'i-aura-t-il, je
vous prie, deformais de ferme, &
d'inviolable en France ; je ne dis
pas feulement pour les fortunes des
particuliers, & pour celles des maifons, mais encore pour les établif-
femens generaux, pour les autres
Loix, pour les Compagnies Sou-
veraines, pour l'ordre de la Juftice,
& de la Police ; & en un mot, pour
tout ce qui fert de Bafe, & de Fon-
dernent à la Societé, pour les
Droits mêmes inalienables de la
Couronne, & pour la forme du
Gouvernement ? Il y a dans le
Royaume un trés-grand nombre de
perfonnes éclairées ; je ne parle pas
de ces faifeurs de vers, qui pour le
prix d'une douzaine de Madrigaux,
ou de quelque Panegyrique du Roy,
emportent les Bénéfices, & les
Penfions ; ni de ces compofiteurs de
livres

livres à droite, & à gauche, qui ſavent tout, hormis ce qu'il ſeroit bon qu'ils ſeuſſent, qui eſt qu'ils ſont de fort petites géns; je parle de ces Eſprits ſages, ſolides, & pénétrans, qui voyent de loin les conſequences des choſes, & qui en ſavent juger.

Comment n'ont-ils pas vû dans cette affaire, qui n'eſt que trop viſible, que l'Etat ſe trouve percé d'outre en outre par le même coup qui traverſe les Proteſtans, & qu'une revocation de l'Edit faite avec tant de hauteur, ne laiſſe plus rien d'immobile ou de ſacré? Il ne ſerviroit de rien d'alleguer la difference de la matiere, ni de dire que la Religion Prétenduë Reformée étoit odieuſe dans l'Etat, & que c'eſt pour cela qu'on l'a entrepriſe avec plus de liberté. Car ſans dire que l'exemple en eſt d'autant plus dangereux, qu'il eſt plus finement choiſi dans une matiére où le peuple ne prenoit pas d'intereſt. Sans dire que cela même qu'on a rendu

la Religion Reformée odieuſe au
peuple, a été une preparation mé-
ditée, pour en venir à ce qu'on a
fait depuis. Sans dire qu'il s'en falloit bien que l'averſion de nôtre Religion fût générale dans l'eſprit des
Catholiques, puis qu'il eſt certain
qu'à la reſerve de 'a faction des
Devots, & de ce qu'on apell eles
Propagateurs de la Foy, le Peuple,
ni les Grands n'avoient nulle animoſité contre noûs, & qu'ils ont
plaint nôtre infortune. Sans toucher à tout cela, qui ne voït qu'il
n'y a rien de plus facile que de décrier quelque matiére que ce ſoit,
& de la rendre odieuſe, ou indif-
ferente, dans l'eſprit d'un peuple ?
On ne manque jamais de raiſons,
ou de pretextes, on ſouleve un parti contre l'autre, & on apelle *l'Etat*,
celuy qui a la force en main; de
même que dans la Religion, on
apelle *l'Egliſe*, non le parti le plus
juſte, ou le plus ſaint, mais le parti le plus puiſſant, & le plus hardi.
Ce n'eſt donc point par la matiére

qu'il

qu'il faut juger de ces ſortes de choſes, c'eſt par la forme. Or s'il y a
jamais eû rien d'autentique, & d'inviolable, c'étoit l'Edit de Nantes ;
le revoquer, & le caſſer, c'eſt ce
mettre au deſſus de tout, c'eſt pro-
noncer hautement que tout eſt revo-
cable, & caſſable *ad nutum*. Voilà ce que les ſages doivent comprendre, & que je ne doute pas
qu'ils n'ayent déja compris.

On pourroit faire ſur ce ſujet,
une autre objection qu'il ſera bon
de prévenir. C'eſt que comme l'E-
dit, de quelque maniere qu'on le
conſidere, n'étant devenû une Loy
de l'Etat, que par l'autorité de Henri le Grand, il peut bien être auſſi
revoqué, & annulé par Louïs XIV.
ſon petit fils, & ſon Succeſſeur. Il
n'y a pas plus de difficulté à l'un
qu'à l'autre, les choſes peuvent fi-
nir par les mêmes voyes qu'elles ont
commencé. Si Henri le Grand a
eû le pouvoir de changer la forme
de l'Etat, en introduiſant une Loy
nouvelle, pourquoi Louïs XIV.
M 2n'aura-

n'aura-t-il pas de même le pouvoir de réchanger cette forme, en caſſant ce que ſon Ayeul avoit établi ?

Mais cette objection n'eſt qu'une fauſſe lueur, elle ſupoſe un fondement faux, & elle en tire une conſéquence encore plus fauſſe. Ce n'eſt point la ſeule autorité de Henri le Grand qui a établi l'Edit, nous avons vû que l'Edit eſt un Arrêt de ſa juſtice, tendu par parties ouies ; ous avons vû que c'eſt un accord, & comme une tranſaction paſſée entre les Catholiques, & les Reformez, authoriſée par la foy publique de tout l'Etat, ſellée du ſceau du ſerment, & ratifiée par l'execution. Or c'eſt ce qui rend l'Edit inviolable, & qui le met hors de l'atteinte des Succeſſeurs de Henri. A cét égard ils n'en peuvent être que les Dépoſitaires, & les Executeurs, & non les Maîtres, pour le faire dépendre de leur bon plaiſir. Henri le Grand n'a jamais employé la force des armes pour y faire conſentir les Catholiques Romains ; & quoi que depuis ſa mort, ſous la Mino-

rité de Louïs XIII. il y ait eu des
Etats Generaux, l'Edit a reſté dans
ſa force. C'eſt donc comme nous
l'avons déja dit une Loy fondamentale du Royaume, à laquelle
les Roys ne peuvent toucher. Mais
quand ce ne ſeroit qu'un ouvrage de
la ſimple autorité de Henri, ce qui
eſt évidemment faux, il ne s'en ſui-
vroit pourtant pas que le Roy
aujourd'hui regnant le pût révo-
quer. Pourquoi cela ? Parce qu'il
y a bien des choſes qu'il depend
du bon plaiſir de les faire ; mais
qu'il ne depend pas du bon plaiſir de les défaire ; & de cette
nature eſt l'Edit. C'eſt une promeſſe Royale que Henri le Grand
a fait aux Reformez de ſon Royaume, tant pour luy, que pour ſes
Succeſſeurs à perpetuité, comme
nous l'avons vû, & par conſequent
c'eſt une condition, ou ſi l'on veut,
une charge qu'il a jointe à ſon heritage, & dont il n'eſt plus libre à
ſes Héritiers de ſe décharger.

Au reſte, il n'eſt pas vray que

 Henri

Henri le Grand ait rien changé dans la forme de l'Etat quand il a fait l'Edit, au moins à l'égard des chofes effencielles.

Il a donné la liberté de confcience à fes Sujets, mais cette liberté eft d'un droit bien plus ancien, & bien plus inviolable que tous les Edits, puis qu'elle eft du droit de la Nature. Il a donné l'exercice public de la Religion Reformée, mais cét exercice étoit établi dans le Royaume avant fon Edit ; & s'il a étendu les Privileges des Reformez, comme fans doute il l'a fait, il ne l'a fait qu'avec l'aprobation, & par le confentement de l'Etat ; & il n'a choqué en cela aucun de fes legitimes engagemens. Mais il n'en eft pas de même de Louïs XIV. qui de fa pure autorité, fait un changement réel, & fondamental, contre les refiftances d'une partie de fon Etat, fans avoir confulté l'autre, & qui viole fes propres engagemens, ceux de fa Couronne, ceux de tout fon Royaume, & le droit même de la Na ture ; & c'eſt ce qu'il ne peut faire en aucune maniére.

Mais enfin, ſi l'on conſidere de quels moyens on s'eſt ſervi pour venir à la revocation dont nous parlons, comment ſe poura-t-on empêcher d'y reconnoître l'Etat ſenſiblement intereſſé ? On ne ſe contente pas de ſuprimer les Exercices, & d'anéantir les Privileges des Proteſtans par des Arrêts injuſtes, ſans aucune formalité ; on leur envoye par tout des gens de guerre pour les faire changer de Religion ; on les met à ſac comme des peuples pris d'aſſaut ; on les force en leurs conſciences ; & on épuiſe pour cela tout ce que l'Enfer peut avoir de plus cruel, & de plus enragé. N'eſt-ce pas pour en parler fort modeſtement, ce qu'on apelle un *Gouvernement Militaire*, qui n'eſt reglé ni de la Juſtice, ni de la raiſon, ni même de l'humanité. Et croit-on que l'Etat de France s'en puiſſe bien accommoder, ou que les Sages conviennent que c'eſt ainſi qu'il faut

régïr

régir les Peuples ? Voila pourtant un premier coup d'essay qui n'est pas des moindres ; ceux qui l'ont donné marquent qu'ils s'y entendent assez bien ; & qui sait s'ils seront d'humeur à en demeurer-là ?

Il ne faut qu'un autre dessein, une autre passion à satisfaire, une autre vengeance à exercer ; & alors malheur à ceux qui s'y voudront oposer, les Dragons n'auront pas oublié leur métier.

Troisiéme Reflexion. A ces deux premieres Reflexions qui regardent le Roy de France, & son Etat, on en peut ajoûter une troisiéme, qui aura en veuë l'interêt des Roys, des Princes, & des autres Puissances de l'Europe, tant de l'une, que de l'autre Religion. Nous ne nous tromperons pas, si nous disons qu'ils y en ont un commun, & général, en ce qu'il ne tient pas à ces habilles ouvriers de malheurs, que la bonne intelligence qui est entr'eux, & leurs Sujets, ne soit troublée. Nous

fommes

ſommes perſuadez que leur ſage, & équitable gouvernement, les doit mettre à cét égard au deſſus de toute crainte ; mais cela n'empêche pas que ces ſortes d'exemples ne ſoient toûjours facheux, & que d'eux mêmes naturellement, ils ne tendent à jetter dans l'eſprit des peuples, qui d'ordinaire ne jugent que ſur des généralitez, des ſoupçons, & des defiances contre leurs Souverains, comme s'ils ne ſongeoient tous qu'à engloutir leurs Sujets, & à les livrer à la diſcretion ; ou pour mieux dire, à la fureur de leurs gens de guerre. Plus les Princes ont de juſtice, & de moderation, moins ont ils d'obligation à ceux qui fourniſſent aux peuples la matiere de ces dangereuſes penſées, parce qu'elles ne peuvent que produire de trés-mechans effets.

D'ailleurs n'eſt-il pas vrai que les Princes, & les Etats de l'Europe ne ſauroient voir qu'avec beaucoup de deplaiſir, que la France qui tient un ſi grand rang dans les affaires du monde,

monde, & qui leur communique une si puissante influence, se soit mise aujourd'hui hors d'état qu'on puisse prendre avec elle de justes mesures. Car aprés une violation si scandaleuse & si éclatante de la parole de trois Roys, & de la foy publique, quelle confiance aura-t-on desormais, en ses promesses, ou en ses Traitez? Ce ne seroit pas assez que de dire que les Traitez n'auront de fermeté qu'autant que les interêts de la France le demanderont; mais il faut dire qu'ils ne dependront desormais que de l'interêt ou du caprice d'une espéce de gens emportez, qui ne donnent rien, ni aux Loix de la prudence, ni à celles de l'équité, mais qui traitent tout par la force majeure. S'ils ont eû le credit de faire dans le Royaume ce qu'ils viennent d'y executer, que ne feront-ils pas pour les choses du dehors? S'ils n'ont pas épargné leurs propres compatriotes avec qui ils étoient tous les jours en commerce, & dont ils ne

tiroient

tiroient que des ſervices, épargne-
ront-ils des inconnus ? Auront-ils
plus d'égard à des Tréves, ou à
des Conventions de quatre jours,
qu'à un Edit de cent ans, le plus
auguſte, & le plus ſolemnel qui fut
jamais, dont ils ne ſe ſont ſervis
que pour endormir un peuple, &
pour l'enveloper plus ſeurement
dans une derniere deſolation ? Il
ſemble donc qu'ils ont voulu réduire
les choſes à ce point, que n'y ayant
plus de foy en France, tous les voiſins ſoient ſans ceſſe en garde contre elle ; & plus en garde, quand
elle leur promettra, que quand elle
les menacera; plus dans la Paix que
dans la guerre ; de ſorte qu'il n'y
a plus de lieu d'en eſperer du repos,
que par la ſureté de ſes Otages, ou
par la diminution de ſes forces.

Cela étant ainſi à l'égard de tous
les Princes, & de tous les Etats de
l'Europe en General, que peuvent
conjecturer en particulier les Princes, & les Etats Proteſtans, ſi ce
n'eſt que le deſſein de la France eſt
de

de les ruïner tous, & de ne s'arrêter
point qu'elle ne les ait devorez ?
Perſonne n'ignore que les Puiſſances Proteſtantes ne connoiſſent aſſez
bien leurs interêts, pour les ſavoir
diſcerner au travers même des nüa-
ges dont on les couvre ; & l'on ne
doute pas qu'ils ne voyent que c'eſt
ici un commencement, ou une
ébauche, dont la France prétend
qu'ils fourniront bien tôt les derniers
traits.

La Cour s'eſt laiſſée occuper d'u-
ne craſſe bigotterie & d'un faux zele
de Catholicité ; c'eſt l'eſprit à la
mode, chacun y eſt devenu con-
vertiſſeur à feu, & à ſang ; & il y en
a même à qui l'on perſuade que ce
ſera le contrepoids de la balance.
La vaine gloire ſe mêle dans cette
intrigue, la Politique y ajoûte ſes
veuës, & ſes myſteres ; & comme
dans ſes veuës elle n'a point de bor-
nes, dans ſes myſteres auſſi elle ne
manque pas de reſſorts impercepti-
bles, & de moyens ſurprenans,
qu'elle joindra quand il luy plaira,

à

à la puiſſance des armes. On s'i-
magine que le tems eſt propre, &
qu'il ne faut qu'oſer, la facilité
qu'on a trouvée à faire des conquê-
tes, & des converſions, enfle le
courage ; & déja l'on ne parle plus
que de n'en demeurer pas en ſi beau
chemin. Il faut eſperer que les
Princes, & les Etats Proteſtans, ti-
reront de là, leurs juſtes conclu-
ſions.

Pour les Princes & Etats Catholiques, ils ont trop de lumiere
pour ne pas voir la part qu'ils ont
dans toute cette affaire. On s'en
ſervira pour rompre la bonnne intelligence qui eſt entr'eux, & les
Proteſtans, en berçant les uns du
beau pretexte de la Religion Catholique, & en faiſant naître adroitement dans les autres, des ſoupçons
d'une conjuration generale pour les
engloutir. Si les Princes, & Etats
Catholiques ne diſſipent pas ces
ſoupçons, s'ils ſouffrent que la France s'agrandiſſe toûjours à la faveur
de ſon prétendu zele pour la Ca-

N

tholicité,

tholicité, qui dans le fond n'eſt qu'un faux maſque, on peut déja les aſſûrer qu'ils ſont perdus.

Ils auront beau dire, Nous ſommes Catholiques comme vous, ils n'éviteront pas pour cela l'épée des Dragons. Tout ce qui ne voudra pas ſubir le Joug, ſera heretique, & pis qu'heretique ; car aujourd'hui la plus grande hereſie, c'eſt de ne ſe pas ſoumettre. L'Eſpagne, l'Allemagne, & l'Italie, en ſavent déja quelque choſe.

Quatriéme
R fl ::ion.

Mais ne ſera-ce pas un paradoxe, ſi à tout ce que nous venons de dire, nous ajoûtons que le Pape luy-même & tout le corps de l'Egliſe Romaine ſe trouvent ſenſiblement intereſſez dans la perſecution qu'on nous a faite ? Nous ne dirons pourtant rien en cela qui ne ſoit d'une verité certaine, & dont les plus ſages d'entre les Catholiques ne doivent tomber d'accord. Car n'eſt-ce pas la plus mauvaiſe idée qu'on puiſſe donner du

Clergé

Clergé Romain, que de le faire concevoir comme une ordre de gens qui non ſeulement ne peuvent rien ſouffrir qui ne leur ſoit ſoumis dans la ſocieté religieuſe, mais encore qui ne le peuvent dans la ſocieté civile ? Comme des gens qui ne ſe contentent pas d'anathematiſer tout ce qui leur deplaît, mais qui ne ſongent qu'à exterminer, qui n'exterminent pas ſeulement, mais qui vont juſqu'à forcer les conſcien-ces, & à vouloir inſpirer leurs ſen-timens, & faire pratiquer leurs cul-tes par le bâton, & par le ſabre. Comme un ordre de gens qui ne gardent ni foy, ni juſtice, qui ne promettent que pour tromper, qui ne ſe rapaiſent que pour inſulter, qui dans la paix comme dans la guerre, ne ſongent qu'à renverſer, & à détruire, qui ne s'allient que pour ſurprendre, & qui ſe trouvant les plus forts, ne donnent pas mê-me la liberté de la fuite à ceux qu'ils ont ſurpris. Ce ſont là pré-ciſément les traits, & les couleurs

 par

par lesquelles on pourroit facilement
reconnoître le Clergé Romain , à
en juger sur le pied des persecutions
de France.   Jusqu'ici l'on n'avoit
jamais rien vû de pareil. Les Egyp-
tiens, & les Assyriens persecuterent
autrefois les Israëlites , mais ils ne
les forçoient pas d'embrasser le culte
de leurs Idoles , ils se contentoient
de les traiter en esclaves sans atten-
ter à leurs consciences. Les Payens,
& les Juifs persecuterent les premiers
Chrêtiens ; ils forçoient leurs consciences , mais ils ne leur avoient
point donné d'Edit, ni ne violoient
en les persecutant, la foy publique ;
la fuite même ne leur étoit pas in-
terdite.

Les Ariens persecuterent cruellement les Ortodoxes ; mais outre que
cela ne décendoit presque pas jusqu'au peuple pour luy faire faire des
abjurations formelles, il n'y avoit
point d'Edit ou de concordat entre
les deux communions. Innocent
troisiéme persecuta par ses Croisa-
des les Vaudois, & les Albigeois, mais
encore

encore ces pauvres gens n'avoient
point d'Edit. Emanuël, Roy de
Portugal perſecuta furieuſement les
Juifs, mais il leur donna la liberté
de ſortir de ſon Royaume; & ils
n'avoient point d'Edit. Il en fut
de même de ce reſte de Maures qui
s'étoient cantonnez dans le Royaume
de Grenade; on les défit en guerre,
& on leur ordonna de ſe retirer dans
les Païs d'où leurs Anceſtres étoient
venus.

Au Siecle paſſé, le Duc d'Albe
exerça des cruautez horribles contre
les Proteſtans dans les dix-ſept Provinces des Païs-Bas; mais il n'empêchoit point la fuite, ni ne violoit
aucun Edit, & on en étoit tout au
plus quitte pour mourir. L'Inquiſi-
tion eſt encore aujourd'hui dans
l'Eſpagne, & dans l'Italie, mais ce
ſont des païs où la profeſſion d'une
autre Religion que de la Romaine,
n'a jamais été permiſe par des
Edits; & ſi on peut accuſer les In-
quiſiteurs de violence, & de cruau-

té, on ne peut pas au moins les convaincre de perfidie.

Mais dans cette derniere perfecution de France , il y a cinq chofes
qui font horreur ; on y fait dépendre fouverainement la confcience &
la Religion des hommes, de la volonté du Roy ; on y rompt une foy
jurée autentiquement ; on y force
les perfonnes à être des hypocrites,
& des méchans, en faifant femblant
d'embraffer une Religion qu'ils
abhorrent ; on empêche la retraite,
ou la fuite ; on ne fait pas mourir,
mais on conferve la vie pour exercer de plus longs tourmens.   Si
aprés cela la Cour de Rome, & fon
Clergé répandu dans le refte de
l'Europe, ne defavoüoient pas une
fi odieufe, & fi criminelle conduite,
s'il ne la condannoient pas, ce feroit une tâche irreparable à l'honneur de leur Religion. Non feulement les Proteftans qui font une
communion à part, mais encore un
nombre infini de leurs propres Catholiques, en recevroient un terrible

rible ſcandale ; & les Turcs mêmes,
les Juifs, & les Payens s'éleveroient
en jugement contr'eux. Ils ont déja pû comprendre combien leur a
fait de tort ce qui ſe paſſa au Concile de Conſtance touchant Jean
Hus, & Jerôme de Prague qu'on
fit mourir, nonobſtant le ſauf con-
duit de l'Empereur Sigiſmond. Mais
il y a ici quelque choſe de bien plus
fort, il ne s'agiſſoit là que de deux
hommes, & il y en a ici plus de
quinze cent mille. On fit mourir
ceux-là, & ſi on en eût fait de même de ceux-ci, ils auroient reçû la
mort avec joye, & avec conſola-
tion. Le Concile crût que ſon au-
torite étoit au deſſus de celle de Sigiſmond ; mais ici on n'en ſçauroit
marquer une plus grande que celle
qui avoit établi l'Edᵗ.

Nous n'ignorons pas
les differens chemins
que les Perſecuteurs
tiennent pour ſe mettre à couvert
du blame public. Les uns prennent
le parti de nier le fait, & de perſuader

der au Monde que la force & la
violence n'ont eû nulle part dans
les converfions, mais qu'elles ont
été douces, tranquilles & volontaires ; & que s'il y a eû des Dragons
qui s'en foient mêlez, ç'a été les
Prétendus Reformez eux mêmes qui
les ont demandez pour avoir un
honnête pretexte de changer de Religion. Vit-on jamais une pareille
impudence ? Que n'ofera-t-on pas
deformais nier, puifqu'on nie ce
qui s'eft fait à la veuë du Soleil, &
ce que tout un grand Royaume depuis un bout jufqu'à l'autre a vû,
& qu'il voit encore aujourd'hui ?
Car dans ce commencement de
l'année 1686. que ce trifte Ecrit fe
compofe, on continuë à exercer
en France, les mêmes fureurs qui
avoient paru fur la fin de l'année
precedente.

Les mêmes Dragons exploitent
dans les Villes, & à la Campagne,
contre quelques pitoiables reftes de
Proteftans qui ne veulent pas ado-
rer la ftatuë. On les traite comme
des

des rebelles en leurs perſonnes, en
leurs biens, en leurs femmes, en leurs
enfans ; & s'il y a quelque difference, elle conſiſte en ce que les
cruautez vont toûjours en augmen-
tant, & que chaque jour produit
quelque nouvelle maniere de violence, & de perſecution. Cependant ſi on en croit le Clergé Haran-
guant le Roy par la bouche de Monſieur l'Evêque de Valence, c'eſt un
miracle du Regne de ſa Majeſté,
qu'elle convertiſſe tout ſans y employer la contrainte; & que de leur
plein gré, les peuples viennent à elle
de toutes parts , pour ſe reünir à
l'Egliſe Catholique. *Tout cela, dit-*
il , s'eſt fait ſans violence, ſans armes ;
& bien moins encore par la force de vos
Edits, que par vôtre Pieté exemplaire.
Si on en croit la plûpart des abjurations qu'on fait ſigner la dague à la
gorge à ces pauvres opprimez , elle
portent de même qu'ils les ont faites
de leur propre mouvement , & ſans
y être forcez.

Si nous en croyons Monſieur
Maimbourg

Maimbourg dans la lettre au Roy
qu'il à mise à la tête de son Histoire
du Pape Gregoire, publiée depuis
fort peu de tems, il n'y a eû ni armes, ni violences employées pour
ces conversions ; *Vous devez croire,*
luy dit-il, *qu'aprés avoir déja vaincu*
tous les ennemis de la France, par la force
invincible de vos armes, vous aurez
seul éternellement la gloire, & le bon-
heur d'avoir exterminé du Royaume
Trés-Chrêtien, cette ennemie de Dieu,
(l'heresie comme il l'apelle,) *sans*
employer contr'elle, pour contraindre les
Protestans de rentrer dans l'Eglise, d'au-
tres armes, ni d'autres forces que celles
de vôtre charitable zele pour leur con-
version, & de la Justice toute manife-
ste de vos Ordonnances, & de vos Edits,
qui ont eû tout l'heureux succez qu'on
en pouvoit attendre. Et dans son Troisiéme Livre, aprés avoir dit qu'E-
thelvert Roy d'Angleterre ne violenta, ni ne contraignit en nulle maniere ses sujets à embrasser le
Christianisme, *ayant apris de ses*
Docteurs, que le service qu'on rend à Je-
sus

ſus *Chriſt doit être volontaire,* mais qu'il reſervoit ſeulement ſes graces & ſes faveurs pour ceux qui ſe faiſoient Chrêtiens, ſans faire d'injuſtice aux autres ; aprés cela, dis-je, il ajoûte ces mots ; *C'eſt là juſtement la Methode que le Roy Louïs le Grand ſuit aujourd'hui pour convertir les Prétendus Reformez qui n'ont nul ſujet de ſe plaindre. Car enfin on ne violente perſonne ; & ſi l'on veut departir à ceux qui ſe convertiſſent, des graces, & des faveurs, qu'on ne fait pas aux autres, & qu'on n'eſt point obligé de faire à ceux qui s'obſtinent dans l'hereſie, on ne leur fait neanmoins nulle injuſtice, puis qu'on ne leur ôte que ce qu'ils ont uſurpé contre les Edits, & qu'on a droit de les punir, quand ils contreviennent aux Ordonnances.* Il y a bien de l'apparence que cette maniere ſi douce, ſi ſage, & ſi efficace, aura enfin le même effet en France ſous Louïs le Grand, pour ramener à l'Egliſe les Calviniſtes, qu'elle eût ſous le Roy Ethelvert en Angleterre, pour la converſion de ſes Anglois, qui attirez puiſſamment par là,

venoient

venoient tous les jours en foule deman-
der le Saint Batême, comme nous
voyons que nos Proteſtans commencent
auſſi maintenant à venir en foule à
la Meſſe.

C'eſt dans ce même eſprit que
Monſieur Varillas, dans l'Epître
au Roy Dedicatoire, du Livre qu'il
vient tout fraichement de donner
au public, ſous le Tître, *d'Hiſtoire*
des Revolutions arrivées dans l'Euro-
pe en matiere de Religion, ne craint
pas de luy parler de cette ſorte, *Vô-*
tre Majeſté pour ruïner le Calviniſme,
n'a fait autre choſe que d'obliger les
François qui le profeſſoient à l'exacte
obſervation de l'Edit de Nantes, &
d'en punir les contraventions par les
peines qui y étoient marquées. Il n'a
falu que cela pour reduire les heretiques
à un ſi petit nombre, que le même
Edit n'étant plus d'uſage, il y a eu
lieu de le revoquer.

C'eſt ainſi qu'on ſe joüe de la
ſimplicité du public; on jette au
hazard des ſemences d'impoſture
pour les laiſſer meurir avec le tems.

La

La Poſterité qui verra ces piéces,
croira bonnement qu'elles diſent
vray ; & jugeant ſur ce pied là de
cette étonnante Hiſtoire, Voila, di-
ra-t-elle, ce qu'on en a dit au Roy
même, à qui l'on n'eût pas voulu
mentir ; voila les propres Actes, &
les Seings de ceux qui ſe ſont convertis. Pourquoi la Poſterité ne le
croiroit-elle pas, puis que dés à
preſent il y a des gens aſſez effron-
tez, ou pour mieux dire aſſez bien
payez, pour le publier dans les
Païs Etrangers, & qu'ils s'y trouve
des perſonnes aſſez credules pour
ſe laiſſer ſurprendre à ce piége ?

Pourquoi ne le croiroit-elle
pas, puiſque c'eſt un Evêque
& deux Auteurs graves qui le
diſent ? En faut-il tant pour établir une opinion probable ? La
Poſterité ne ſera pas obligée de ſavoir qui étoit Monſieur de Valence,
ni quel métier il a fait toute ſa vie.
Elle ne ſera pas obligée de ſe ſou-
venir combien de Fables on a re

 proché

proché plus d'une fois à Monfieur
Maimbourg, qu'il a enrichi fes
Hiftoires, ni qu'il femble qu'il a
fait vœû de ne fe démentir jamais.
Elle ne fera pas obligée de favoir
que Monfieur Varillas ne trouvant pas fon conte à dire la verité,
s'eft enfin avifé fur fes vieux jours,
de fantifier fa plume par les biens-
faits de Monfieur l'Archevêque de
Paris, felon que luy même nous
l'infinuë dans la Preface de ce dernier ouvrage.

Mais venons au fait dont il s'a-
git; quelle apparence, je vous
prie, y a-t-il, qu'un fi grand, & fi
confiderable nombre de perfonnes
foient déja fortis de France, fans
que rien les y forçât, ni qu'ils ayent
laiffé leurs maifons, leurs heritages,
& leurs effects, & plufieurs d'entr'eux leurs femmes, & leurs enfans, pour s'en aller errer par le
Monde, & y mener une vie mife-
rable, pour leur plaifir? Y a-t-il
aparance que des perfonnes de qualité,

lité, de l'un, & de l'autre ſexe,
qui jouïſſolent de douze, de quinze, de vingt, & de trente, mille
livres de rente, ayent voulu abandonner tout ce bien, non ſeulement pour eux, mais auſſi pour
leurs deſcendans ; s'expoſer aux
perils, & aux incommoditez d'une
longue fuite, dans une rude ſaiſon,
& ſe reduire preſque à la mandicité,
qui eſt l'état du Monde le plus in-
ſuportable à des gens d'honneur, le
tout ſans raiſon, ſans ſujet, & de
gayeté de cœur ? Y a-t-il aparence que ce prodigieux nombre de
gens de tout ordre, & de toute condition, qui ſe ſont déja ſauvez, les
uns en Suiſſe, les autres en Allemagne, les autres en Angleterre,
les autres en Hollande, d'autres en
Danemarc, d'autres en Suede, &
quelques-uns dans l'Amerique, ſans
s'être ni vûs, ni connus, ni con-
certez, ſe ſoient pourtant accordez
tous enſemble à mentir d'une même
façon, & à dire tous d'une voix,

que les Protestans sont cruëllement
persecutez en France; & que par
des rigeurs inouïes on les force à
changer de Religion, quoi que
pourtant il n'en soit rien ? Y a-t-il
aparance que les Ambassadeurs,
& les Envoyez des Roys, &
des Puissances Etrangeres mentent
tous de concert à leurs Maîtres en
leur mandant ces nouvelles, qui ne
sont fondées sur aucune verité ?
Mais, je vous prie encore, si en
France on change ainsi de Religion
volontairement, & sans contrainte,
& que les Dragons n'y soient ap-
pellez que comme de bons amis,
d'où vient cette garde si exacte, &
si générale qu'on fait sur les frontieres pour empêcher le Monde de
se retirer ? D'où vient que les prisons du Royaume, regorgent de
Fugitifs arrétez ? D'où vient qu'on
observe avec tant de soins, ceux
qui ont changé, pour les empécher
de s'enfuïr, jusqu'à les obliger à
mettre en dépôt des sommes d'argent

gent pour ſe garantir du ſoupçon
de la fuite ? Seroit-ce une maladie
Epidemique qui auroit ſaiſi les Sujets du Roy pour ſe vouloir ainſi
ſauver ſans raiſon, & ſans cauſe ?
Mais n'eſt-ce pas une imagination
plaiſante, de dire que ceux de la
Religion ayent eux mêmes apellé
les Dragons pour avoir un pretexte
de ſe convertir ? Il y a dix ans, &
plus, qu'on avoit dreſſé en France
ouvertement, & publiquement des
Banques pour y trafiquer les ames.
Monſieur Pelliſſon a fait à Paris
durant un fort long-tems, cét infa-
me métier, à la veuë de tout le
Monde, il les achetoit à prix d'argent ; la converſion étoit devenuë
preſque l'unique voye de ſe faire
aplaudir, careſſer, recompenſer à la
Cour ; & en un mot, un moyen
ſeur de faire ſa fortune ; & l'on
nous vient dire, qu'au lieu de ſui-
vre ces grandes & avantageuſes
voyes de changement, ils les laiſ-
ſent-là, pour prendre celles des

O ;   Dra-

Dragons, c'eſt à dire pour ſe faire ſaccager. Il eſt certain que s'ils euſſent eû tant d'envie de ſe faire Catholiques, ils s'en pouvoient épargner la façon des Dragons. Mais au moins qu'on nous diſe pourquoi depuis ces prétendues converſions volontaires, ne voulant pas aller à la Meſſe, on a été obligé de leur renvoyer les troupes, & de les traiter encore evec les mêmes rigeurs qu'auparavant ?

Ce menſonge eſt donc ſi groſſier, & ſi inſoutenable, qu'il y en a d'autres qui prennent le parti de défendre ces violences, comme étant naturellement du genie, & de l'Eſprit de l'Egliſe Catholique. Pour cét effet ils ont ſans ceſſe dans la bouche le paſſage de l'Evangile, *Compellé intrare*, la Lettre de Saint Auguſtin à Vincent, & la perſecution que les Ortodoxes d'Afrique firent aux Donatiſtes.

Si c'étoit ici le lieu de diſputer contre ces Theologiens furieux, il

ne

ne ſeroit pas difficile de leur faire
voir la vanité de ces alleguations.
Les Apôtres ſavoient pour le moins
auſſi bien qu'eux, le ſens & l'intention de leur Maître ; & ils ne manquoient pas de zele pour l'avance-
ment de ſon Evangile. Ont ils
pourtant jamais employé la force
des armes pour la converſion des
peuples ; & leur Maître leur a-t-il
donné pour cela des Dragons, &
des troupes de gens de guerre ? Qui
ne ſait que dans le Stile de l'Ecriture, les termes de *Compellere, Cogere*, ſi-
gnifient une douce force d'exorta-
tion, & de perſuaſion ; comme au
19. de la Geneſe, où il eſt dit de
Lot, qu'il contraignit les Anges
d'entrer dans ſa maiſon, *Compulit
illos oppidò*, & au 28. du premier de
Samuel, où il eſt dit que les Serviteurs de Saül le contraignirent à
manger, *Coëgerunt eum*, & au 24.
de Saint Luc, où il eſt dit que les
deux diſciples d'Emaüs forcerent Jeſus à demeurer avec eux, *Coëge-*
runt

rant illum, & au 16 des Actes, où il est dit que Lydie contraignit Saint Paul, & sa compagnie à se retirer chez elle, *Coëgit nos.* Pour ce qui regarde la Lettre de Saint Augustin, il faut avoüer que rien ne nous sauroit mieux marquer le caractére de ces gens-cy que cette alleguation. Ils n'ignorent pas que le sentiment commun des Peres est, qu'on ne doit jamais violenter les consciences, ni planter la Religion par la force. Ils savent que c'est la voix generale de l'Eglise Ancienne, jusques-là que Saint Martin retrancha de sa communion les Evêques Persecuteurs des Priscilianites, & au prejudice de tout cela, ils veulent aujourd'hui nous donner pour regle de la conduite des Chrétiens, la Lettre d'un homme en colére, qui s'étoit laissé surprendre par quelques autres Evêques emportez ; & qui par ce seul endroit a couvert sa Doctrine, & sa vie, d'une tâche irreparable. Ils ne sont

pas

pas plus heureux en ce qu'ils mettent en avant de la perſecution des
Donatiſtes par les Ortodoxes.

Ca. ſans dire que les Ortodoxes
ne forcerent jamais les Donatiſtes à
embraſſer des Doctrines, ou des
ſervices pour leſquels ils euſſent de
l'horreur, ni ne les contraignirent
d'en abjurer d'autres qu'ils cruſſent ;
qu'ils ne les forcerent qu'à ſe ſoumettre exterieurement à un jugement perſonnel, rendu par des Juges légitimes, ſur une queſtion de
Fait ; qui étoit, ſi Cecilien étoit
prevaricateur, ou non. Sans toucher, dis-je, à cela, il eſt certain
que cette perſecution fut viſiblement
ſuivie des châtimens exemplaires
de la juſtice divine ſur les Perſecuteurs, qui furent bien-tôt aprés traitez par les Ariens beaucoup plus
cruellement qu'ils n'avoient eux-
mêmes traité les Donatiſtes. Dieu
permit que comme ils avoient abuſé
de la foibleſſe d'Honorius pour luy
faire executer ce que le Grand
Conſtan-

Conſtantin n'avoit pas voulu faire, les Evêques Ariens abuſaſſent auſſi de la puiſſance des Roys Vandales, pour accabler les floriſſantes Egliſes de l'Afrique. Mais à quoi bon cette diſpute, puiſque tout ce qu'ils mettent en avant eſt entierement hors de propos ? Qu'ils nous montrent un ſeul paſſage, ou un ſeul exemple, dont ils puiſſent conclure qu'il faut violer la foy publique, donnée à un peuple par des Edits ſolemnels, tels que nous les avions dans l'Edit de Nantes. Les Juifs, & les Payens avoient-ils convenu d'un Edit avec les Apôtres, quand Jeſus Chriſt dit aux Apôtres, *Compelle intrare* ? Saint Auguſtin a-t-il jamais écrit qu'on dût être perfide envers ceux qu'on regarde comme heretiques, lors qu'on leur a promis de vivre avec eux, en bons freres, & bons Concitoïens ?

Les Donatiſtes avoient-ils d'Edit qui les mît à couvert des inſultes des Ortodoxes ? Si on donne lieu à

cette

cette deteſtable Theologie, où en ſommes nous les uns, & les autres dans l'Europe? Car enfin le Proteſtant ne tient pas moins le Catholique Romain pour Heretique, que le Catholique le Proteſtant. Cependant on vit enſemble en paix, ſous la foy des alliances, & des Traitez, le Commerce demeure libre, & chacun y ſuit le mouvement de ſa conſcience en repos. Mais il ne tiendra pas à ces Peſtes publiques, que tout ne ſoit en confuſion, & qu'on ne s'égorge les uns les autres. Ils arment le Catholique contre le Proteſtant, en enſeignant aux Catholiques, que ſa Religion l'oblige à trahir le Proteſtant, & à le ſurprendre dés qu'il le pourra faire impunément, & à l'aſſommer s'il ne veut pas changer de Religion. Ils arment le Proteſtant contre le Catholique ; car aprés tout, quelle paix, & quelle ſocieté peut-on avoir avec des gens, qui non ſeulement ne feront nulle

conſcience

confcience de rompre leur foy, mais qui feroient au contraire confcience de ne la pas rompre lors qu'ils en trouveront l'occafion.

C'eft là ce que doit produire naturellement la pernicieufe Doctrine de ces gens-cy, avec leur *Compelle intrare*, & leur Lettre de Saint Auguftin.

Le mal eft que ce ne font pas de fimples difcours, ou de fimples Ecrits de quelques Auteurs évaporez, qui n'ont prefque d'ordinaire que leur Cabinet pour Sphere d'activité. Ce font des effets, & des réalitez ; c'eft un grand Roy qu'on a furpris ; ce font de puiffants Miniftres d'Etat à qui on a mis ces maximes dans la tête, & qui les reduifent en pratique ; ce font des armées de Dragons qui ont defolé tout un Royaume, & qui ont mis plus de cinq cens mille familles à fac. Vivons nous donc dans un Siécle où l'on faffe confifter la Religion à n'avoir plus de crainte de Dieu, ou fi l'on

s'eft

s'eſt imaginé que la crainte de Dieu
conſiſte à inſpirer de ſi grands excez ? Croit-on que ces excez ſoient
agréables à Jeſus Chriſt, & qu'il
vueille qu'on provigne ſa Religion
par des trahiſons, & par des crimes ? Il a bien dit qu'il ne permet-
troit pas que les portes d'Enfer pré-
valuſſent contre ſon Egliſe ; mais
il n'a jamais dit, que pour la Pro-
pagation de ſon Egliſe, il luy don-
neroit les portes d'Enfer. Or s'il
y a jamais eû rien au Monde qui
eût l'air des portes d'Enfer, ce ſont
les perſecutions de France.

Quelque antipatie qu'il y ait entre le Siege de Rome, & nous,
nous aurions de la peine à nous
perſuader que le Pape d'aujourd'hui
y eût aucune part, ou que cét orage nous fut venu perſonnellement
de luy. Nous ſavons que c'eſt un
Prince doux, & que ſes inclinations ſont plus ſages, & plus mo-
dérées, que celles de pluſieurs de
ſes predeceſſeurs. D'ailleurs nous

P

ſavons

favons que le Clergé de France ne
le confulte pas toûjours dans ce
qu'il entreprend ; & on nous a
même fouvent propofé pour motif,
à nous ranger aux volontez du
Roy ; ce qu'on faifoit contre Rome ; & le peu de déférence qu'on
avoit pour fon autorité. Ainfi nous
efperons que le Pape même nous
confiderant encore comme des hommes, & comme des Chrêtiens, nous
plaindra, & blâmera la conduite
qu'on a tenuë contre nous, ne
fût-ce que pour l'interêt de fa Religion. Peut-être qu'un jour à nôtre tour nous blâmerons auffi celle
qu'on tiendra contre luy.

Quoi qu'il en foit, c'eft une verité fort conftante, que les Proteftans de France font l'objet le plus
digne de la compaffion publique
qu'on ait jamais vû. Les uns fou-
pirent, & pleurent fous un dur
efclavage, qu'ils changeroient de
bon cœur avec des fers dans Alger,
& dans Tunis ; car ils n'y feroient

pas

pas au moins oprimez en leurs conſciences ; & ils auroient encore quelqu'eſperance de liberté par la voye
de la rançon. Les autres ſont er-
rans dans des Païs Etrangers, de-
pouillez de leurs biens, ſeparez
aparemment pour toûjours de leurs
parens, de leurs alliez, & de leurs
amis, qu'ils ont laiſſez dans le plus
malheureux état du Monde. Les
Maris y ont laiſſé leurs femmes, &
les femmes leurs maris ; les peres y
ont été contraints de quitter leurs
enfans, & les enfans leurs peres.
Nous avons vû fondre comme en
un inſtant nos fortunes, nos éta-
bliſſemens, nos héritages ; nos eſ-
perances, nos maiſons, nos commer-
ces ; & de ce qu'on apelle les biens
temporels, il ne nous reſte preſque
plus rien qu'une vie languiſſante,
& la part que nôtre miſere nous
donne dans la charité de nos
freres.

Cependant au milieu de tant de
douleurs pluſieurs choſes nous con-

 ſolent

folent. Nous fouffrons uniquement pour la caufe de nôtre Religion, fans que la malice des Perfecuteurs puiffe nous imputer la moindre chofe qui nous ait attiré nos fouffrances. Nous avons fervi le Roy, & l'Etat avec ardeur, & fidelité ; nous avons été foumis aux Loix, & aux Magiftrats ; nous avons été prompts à porter les charges communes ; & pour nos concitoyens, ils n'ont pas lieu de fe plaindre de nous.

Durant plus de vingt ans nous avons fouffert avec une patience admirable, un rude & impetueux orage ; & lors même que dans le Vivarez, & dans les Cevennes, quelques-uns ont crû qu'ils devoient prêcher fur les mafures de leurs Temples injuftement demolis ; leur petit nombre qui fe reduifoit à une poignée de perfonnes, n'a fait que relever davantage la refignation, & l'obeïffance de tout nôtre corps. Dans ces derniers accablemens, nous avons

avons été comme des brebis innocentes, ſans défenſe, & ſans reſenti-
ment. Nous nous conſolons donc
dans la poſſeſſion de nôtre juſtice.

Mais nous nous conſolons auſſi
dans la tendreſſe Chrêtienne avec
laquelle les Princes, & les Etats
Etrangers nous ont ouvert les bras,
& receus dans les terres de leur
obeïſſance. Il nous ont ſecourus,
favoriſez, & ſoulagez; & les peuples qui vivent ſous leur domination ont ſecondé ces ſoins officieux;
& nous avons trouvé en eux tous,
non ſimplement de nouveaux Maîtres, ou de nouveaux amis, mais
de veritables Peres, & Freres.
Comme cette cordiale compaſſion
a été un baume ſur nos playes,
nous n'en perdrons jamais le ſou-
venir, & nous eſperons qu'elle
continuëra, parce que nous tra-
vaillerons, & nous, & nos enfans,
à ne nous en rendre pas indignes.

P 3 La

La seule afliction qui nous reste, dont nous ne pouvons pas nous consoler, c'est de voir nôtre Religion oprimée dans le Royaume de France, tant de Temples où Dieu étoit servi selon la pureté de son Evangile demolis; tant de troupeaux dispersez; tant de pauvres consciences gemissantes sous la servitude; tant d'enfans soustraits à la legitime éducation de leurs Peres. Mais nous esperons qu'enfin ce même Dieu qui entendit autrefois les soupirs de son peuple dans l'Esclavage d'Egypte, entendra encore aujourd'hui les cris de ses fidelles. Nous ne luy demandons point de vengeance, au contraire, nous souhaitons qu'il luy plaise toucher de repentance, les cœurs endurcis de nos ennemis, & qu'ensuite il leur pardonne. Nous luy demandons un secours, & une delivrance telle que sa sagesse nous la voudra dispenser. Et comme nos prieres sont dans l'ordre de sa providence,

nous

nous avons ſujet d'eſperer qu'il les exaucera, & qu'il nous rétablira dans nôtre premier état.

En attendant cét heureux effet de ſa miſericorde, & pour ne pas defaillir à la juſtice de nôtre cauſe, nous voulons bien que cét Ecrit, qui contient nos juſtes plaintes nous ſerve de Proteſtation devant le Ciel, & devant la terre, contre toutes les violences qu'on nous a faites dans le Royaume de France, contre tous les Arrêts, Declarations, Edits, Reglemens, & autres Diſpoſitions de quelque nature qu'elles ſoient, que nos ennemis ont fait publier au prejudice de l'Edit de Nantes ; contre toute ſorte de Deliberations, Actes, Signatures, ou Declarations Verbales, portant abjuration de nôtre Religion, & profeſſion de la Romaine, que la crainte, les tourmens, & la force majeure ont extorquées, ou de nous, ou de nos freres ; contre le pillage qui a été déja fait, ou

qui

qui fera fait cy-aprés de nos biens, maifons, effets, dettes actives, depôts, rentes, terres, heritages, ou revenus communs, ou particuliers, tant par voye de confifcation, que par toute autre quelle qu'elle foit, comme contre des chofes iniques, faites en trahifon, par la feule force majeure, en pleine paix, contraires à la Raifon, aux droits de la Nature, & aux droits de la focieté, & intereffantes generalement tous les hommes. En particulier nous proteftons contre l'Edit du 8. Octobre 1685. contenant la revocation de celuy de Nantes comme contre une manifefte furprife qui a été faite à la juftice de fa Majefté, & un vifible abus de l'autorité & de la puiffance Royale; l'Edit de Nantes étant de fa nature inviolable, & irrevocable, hors de l'atteinte de toute puiffance humaine, fait pour être un Traité perpetuel entre les Catholiques Romains, & nous, une foy publique, & une

Loy

Loy fondamentale de l'Etat, que nulle autorité ne peut enfraindre. Nous Protestons contre toutes les suites de cette Revocation ; contre l'extinction de l'Exercice de nôtre Religion dans tout le Royaume de France ; contre les infamies & cruautez qu'on y exerce sur les corps, en leur refusant la sepulture, en les jettant dans les voyries, ou en les trainant ignominieusement sur des Clayes ; Contre l'enlevement des enfans pour les faire instruire dans la Religion Romaine ; & l'ordre aux Peres, & Meres de les faire Bâtiser par les Prêtres, & leur en laisser l'éducation. Nous protestons sur tout, contre cette impie, & detestable pratique qu'on tient à present en France, de faire dépendre la Religion de la volonté d'un Roy mortel & coruptible, & de traiter la perseverance en la foy, de rebellion, & de crime d'Etat ; ce qui est faire d'un homme un Dieu, &

autoriser

autorifer l'Ateïfme , ou l'Idolatrie.
Nous proteftons contre la violente
& inhumaine détention qu'on fait
en France de nos Freres, foit dans
les prifons ou autrement, pour les
empêcher de fortir du Royaume,
& d'aller chercher ailleurs la liberté de leurs confciences ; car c'eft
le comble de la violence brutale,
& de l'iniquité. Enfin, nous Proteftons contre tout ce que nous devons & pouvons protefter de Droit,
Declarans que telle eft nôtre intention, & que les chofes non exprimées, foient comprifes dans les
exprimées. Nous fuplions trés-hum-
blement tous Roys, Princes, Seigneurs, Etats, Peuples ; & en
general tous hommes de quelque
condition qu'ils foient, de vouloir bien confentir que ces Pro-
teftations legitimes & indifpenfa-
bles, que nous fommes obligez
de faire, & que nous faifons dans
la droiture de nôtre cœur, fervent

devant

devant eux, & devant Dieu, de témoignage, à nous & à nôtre Posterité, pour la conservation de nos Droits, & pour l'acquit de nos consciences.

F I N.

www.ingramcontent.com/pod-product-compliance
Ingram Content Group UK Ltd.
Pitfield, Milton Keynes, MK11 3LW, UK
UKHW021925070726
13614UKWH00001B/252